税理士、社労士、司法書士、行政書士　専門分野をプロが教える

改訂版

人生の最期に間違えない生前整理と手続きがぜんぶわかる本

司法書士、行政書士
大曽根佑一

社会保険労務士、行政書士
関根圭一

税理士
関根俊輔

新星出版社

第2章 「相続トラブル」は他人事ではありません
~相続に必要な法律知識を整理しましょう

第3章

節税に必要な正しい知識を整理しましょう

~相続税・贈与税の基礎知識

第4章 家族を安心させる住まいの整え方

～身の回りを整理しましょう

第6章 おひとりさまも、配偶者や家族に頼れなくても大丈夫
～自分だけできる生前整理

※本書の内容は特に明記されていない限り二〇二四年一二月時点での情報を元にしています。

編集協力　名冨さおり
デザイン・DTP　田中由美
イラスト　MICANO

本書の使い方

生前整理に必要な知識や作業を、章ごとに分かりやすく説明しています。一連の作業を本編で把握できるので、別冊『エンディングノート』の記入もスムーズです。

資産を把握・整理しておくと子供も親も安心できます

☑親の資産はブラックボックス

現在、子供世帯と一緒に暮らしている方でも「お財布」は別だと思います。

子供の給与については年齢や業種などから親は概ね把握することができるでしょう。一方、子供にとっては親の財政状況はかなり不透明です。

老後の大事な収入といえば「年金」ですが、年金の納付期間や納めた保険料によって支給額は大きく変動します。

会社員や公務員に支給される年金は厚生年金と国民年金の二階建てですが、自営業やフリーランスの場合は国民年金のみ。厚生年金は給与額によって保険料が異なり支給額も変動します。

給与、不動産収入、株式配当金など、年金以外に収入がある方もいるでしょう。さらに、預貯金などの「蓄え」が「ブラックボックス化」していることはままあります。

☑「対処」に困らないような「整理」を

不動産のように大きな資産の把握は難しくありません。厄介なのがいつの間にか増えてしまったもろもろの資産です。

若い頃に加入した保険、転勤先で開いた銀行口座、投資目的で購入した株、バブル期に購入した宝飾品や着物などなど。

細々した資産を把握するのはかなりの手間がかかります。遺された家族が解約・売却、引き継ぐなどの「対処」がスムーズにできるように財産を「整理」しておきましょう。

「これぐらいかな」と想像する以上に、整理すべき財産はたくさんある。

第1章 資産情報

16 17

各章の最初の見開きでは、扱うテーマをイラストと共に示しています。

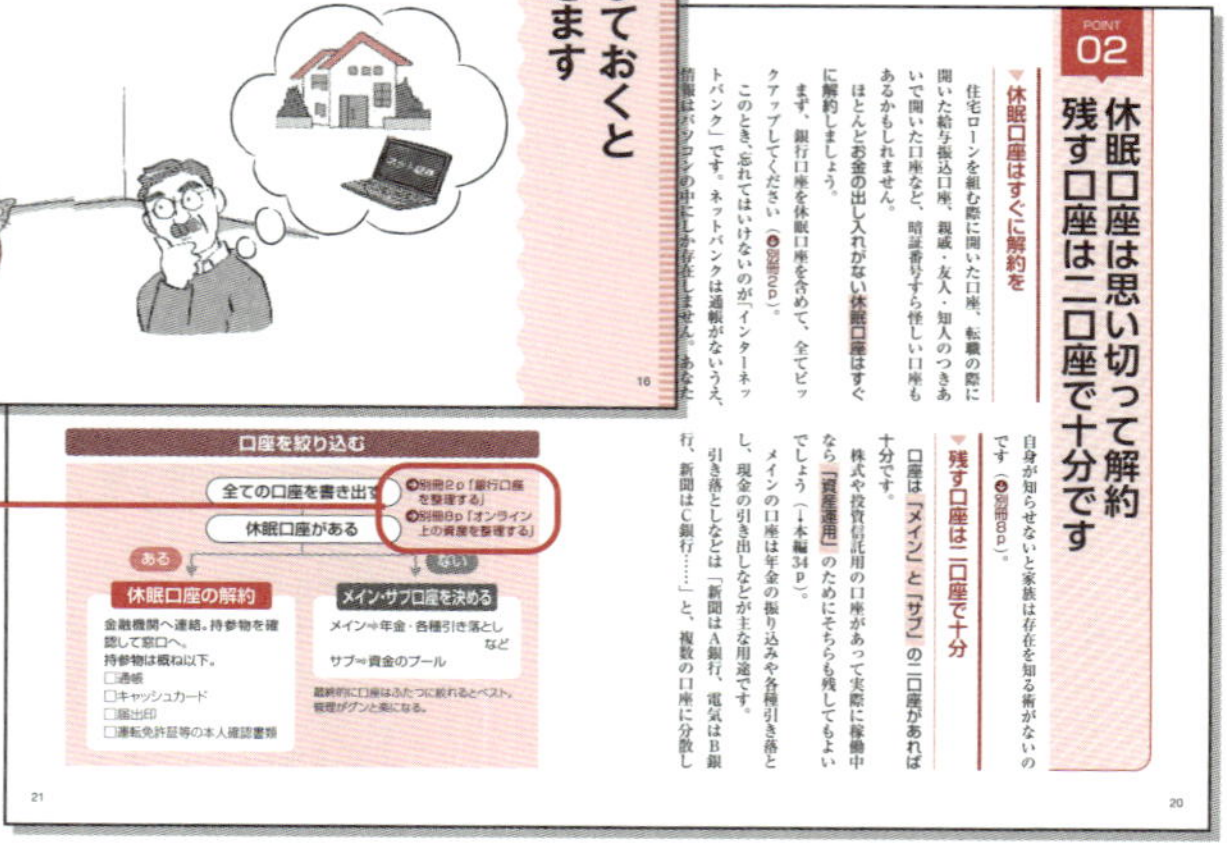

POINT 02

休眠口座は思い切って解約 残す口座は二口座で十分です

▼休眠口座はすぐに解約を

住宅ローンを組む際に開いた口座、転職の際に開いた給与振込口座、親戚・友人・知人のつきあいで開いた口座など、暗証番号すら怪しい口座もあるかもしれません。

ほとんどお金の出し入れがない休眠口座はすぐに解約しましょう。

まず、銀行口座を休眠口座を含めて、全てピックアップしてください（別冊2p）。

このとき、忘れてはいけないのが「インターネットバンク」です。ネットバンクは通帳がないうえ、情報はパソコンの中にしか存在しません。あなた自身が知らせないと家族は存在を知る術がないのです（別冊8p）。

▼残す口座は二口座で十分

口座は「メイン」と「サブ」の二口座があれば十分です。

株式や投資信託用の口座があって実際に稼働中なら「資産運用」のためにそちらも残してもよいでしょう（→本編34p）。

メインの口座は年金の振り込みや各種引き落とし、現金の引き出しなどが主な用途です。

引き落としなどは「新聞はA銀行、電気はB銀行、新聞はC銀行……」と、複数の口座に分散し

口座を絞り込む

全ての口座を書き出す（別冊2p「銀行口座を整理する」）

休眠口座がある（別冊8p「オンライン上の資産を整理する」）

ある → 休眠口座の解約
金融機関へ連絡。持参物を確認して窓口へ。持参物は概ね以下。
□通帳
□キャッシュカード
□届出印
□運転免許証等の本人確認書類

ない → メイン・サブ口座を決める
メイン⇒年金・各種引き落とし など
サブ⇒資金のプール

最終的に口座はふたつに絞れるとベスト。管理がグンと楽になる。

20 21

本編には別冊の、別冊には本編の該当ページを記載しています。

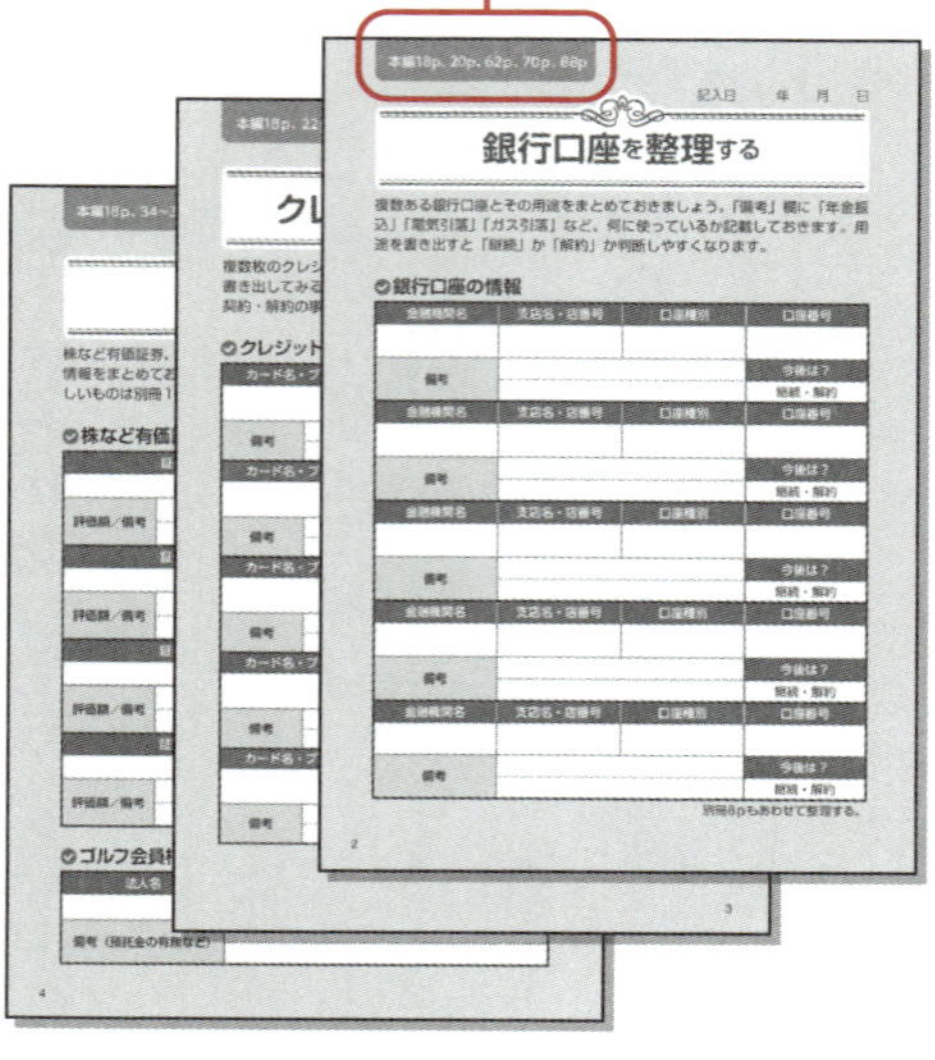

本編18p、20p、62p、70p、88p

記入日 年 月 日

銀行口座を整理する

複数ある銀行口座とその用途をまとめておきましょう。「備考」欄に「年金振込」「電気引落」「ガス引落」など、何に使っているか記載しておきます。用途を書き出すと「継続」か「解約」か判断しやすくなります。

銀行口座の情報

金融機関名	支店名・店番号	口座種別	口座番号
備考			今後は？ 継続・解約
金融機関名	支店名・店番号	口座種別	口座番号
備考			今後は？ 継続・解約
金融機関名	支店名・店番号	口座種別	口座番号
備考			今後は？ 継続・解約
金融機関名	支店名・店番号	口座種別	口座番号
備考			今後は？ 継続・解約
金融機関名	支店名・店番号	口座種別	口座番号
備考			今後は？ 継続・解約

別冊8pもあわせて整理する。

2

別冊には大事な人へ気持ちを伝えるページもあります。

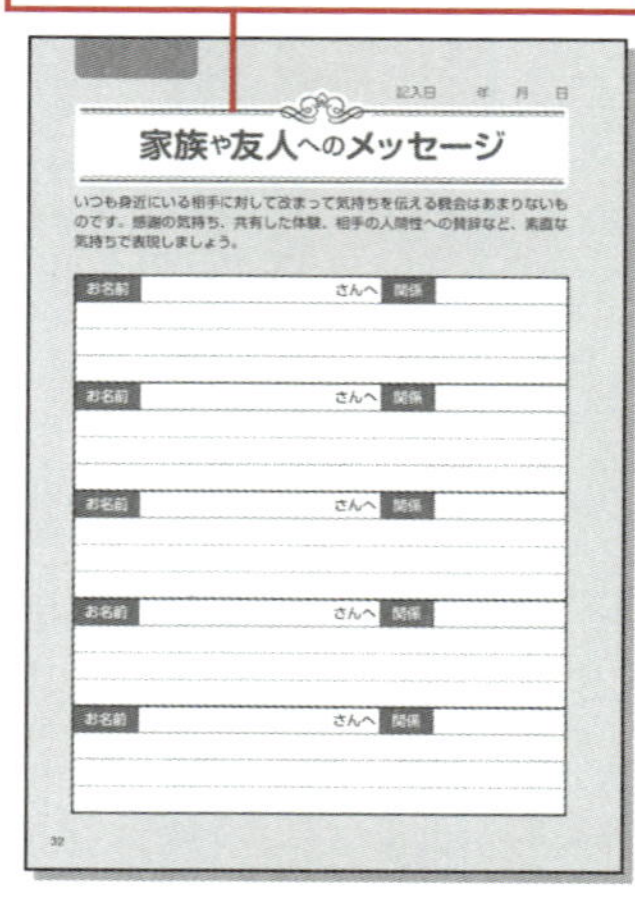

記入日 年 月 日

家族や友人へのメッセージ

いつも身近にいる相手に対して改まって気持ちを伝える機会はあまりないものです。感謝の気持ち、共有した体験、相手の人間性への賛辞など、素直な気持ちで表現しましょう。

お名前	さんへ	関係
お名前	さんへ	関係
お名前	さんへ	関係
お名前	さんへ	関係
お名前	さんへ	関係

32

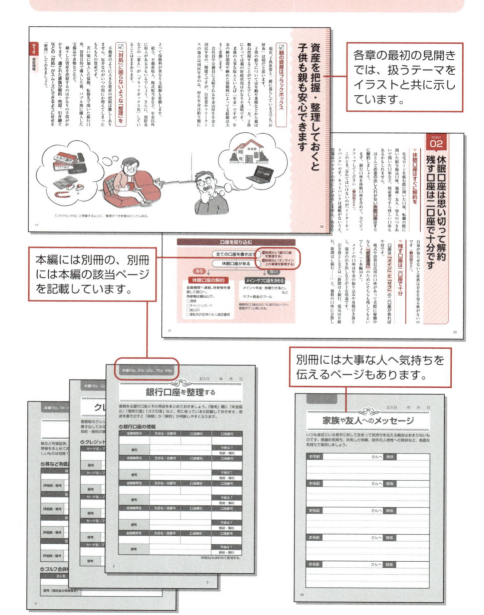

第1章

まずは資産情報をまとめましょう

預貯金も電子マネーも
住宅ローンも「資産」です

資産を把握・整理しておくと子供も親も安心できます

☑親の資産はブラックボックス

現在、子供世帯と一緒に暮らしている方でも「お財布」は別だと思います。

子供の給与については年齢や業種などから親は概ね把握することができるでしょう。一方、子供にとっては親の財政状況はかなり不透明です。

老後の大事な収入といえば「年金」ですが、年金の納付期間や納めた保険料によって支給額は大きく変動します。

会社員や公務員に支給される年金は厚生年金と国民年金の二階建てですが、自営業やフリーランスの場合は国民年金のみ。厚生年金は給与額に

よって保険料が異なり支給額も変動します。

給与、不動産収入、株式配当金など、年金以外に収入がある方もいるでしょう。さらに、預貯金などの「蓄え」が「ブラックボックス化」していることはままあります。

☑「対処」に困らないような「整理」を

不動産のように大きな資産の把握は難しくありません。厄介なのがいつの間にか増えてしまったもろもろの資産です。

若い頃に加入した保険、転勤先で開いた銀行口座、投資目的で購入した株、バブル期に購入した宝飾品や着物などなど。

細々した資産を把握するのはかなりの手間がかかります。**遺された家族が解約・売却、引き継ぐなどの「対処」がスムーズにできるように財産を「整理」**しておきましょう。

「これぐらいかな」と想像する以上に、整理すべき財産はたくさんある。

POINT 01

整理しなくてはいけない財産はこんなにたくさんあります

生前整理の第一歩は「財産の把握」

生前整理を始めるにあたって、最初に手を着けるべきこと。それは「財産の把握」です。

お金に関することを正確に把握しているのは本人だけです。

また、手続きに必要な書類など、本人でなくては場所が分かりません。印鑑、通帳、各種証書など、防犯上、部屋のあちこちに保管する（隠す）方も多く、本人以外がそうした書類を漏れなく探すのは至難の業です。

そのため自分の財産の把握や関連情報の整理をおこなうことになりますが、実際に始めてみるといかにたいへんな作業か実感できるでしょう。

「負債」も財産のひとつ

自分自身のことであっても大仕事なのです。この部分を疎かにすると、遺された家族にはさらに大きな負担を強いることになります。

それは単に手続き上の負担にとどまるものではありません。

資産に含まれるのは、現金や貴金属といったプラスのものだけではないのです。

ローンやカードの支払いといった「マイナス」のものも財産には含まれるので、知らずに引き継いだ家族が金銭的な負担を被る可能性もあるのです。

「思い出の品」がいさかいの種になることも

多くの方が「たいした財産はないから、整理も簡単」と思い込んでいるようです。

しかし、実際に「財産」を取りまとめる作業に入ると、その煩雑さに驚くことでしょう。

例えば、高級腕時計や宝石など、何かの記念にと購入した思い出の品もあるはずです。

こうした品々は、お金には換算できない価値がありますす。家族も手放すことに抵抗を感じることでしょう。

そこにさらに金銭的な価値が発生すると、厄介なことになる可能性があります。

誰が引き継ぐかで一悶着あり、せっかく引き継いだのに売ってしまってまた揉めるなど、いさかいの種になりかねません。全財産を把握し、それぞれの「その後」をきちんと決めておきましょう。

整理しておく「財産」

プラスの資産	マイナスの資産
□現金 □預貯金 □株やFXなどの有価証券 □各種会員権（ゴルフ場、リゾートホテルなど） □各種保険 □公的年金 □動産（骨董品、美術品、宝石、貴金属、自動車、自動二輪車など） □不動産	□借入金（自動車ローン、住宅ローン、個人からの借り入れなど） □保証人 □クレジットカード □未払いの税金 □未払いの医療費 □未払いの家賃

貴金属や時計などの箱や保証書があるのなら一緒に保管しておくと、家族が売る場合に価格がアップする。

別冊には、それぞれ「重要書類の保管場所」「連絡先」を明記しておく。

➔別冊2p「銀行口座を整理する」～9p「不動産の情報を整理する」
➔別冊27p「重要書類の保管場所」

POINT 02

休眠口座は思い切って解約 残す口座は二口座で十分です

休眠口座はすぐに解約を

住宅ローンを組む際に開いた口座、転職の際に開いた給与振込口座、親戚・友人・知人のつきあいで開いた口座など、暗証番号すら怪しい口座もあるかもしれません。

ほとんど**お金の出し入れがない休眠口座はすぐに解約しましょう。**

まず、銀行口座を休眠口座を含めて、全てピックアップしてください（➊別冊2p）。

このとき、忘れてはいけないのが「インターネットバンク」です。ネットバンクは通帳がないうえ、情報はパソコンの中にしか存在しません。あなた自身が知らせないと家族は存在を知る術がないのです（➊別冊8p）。

残す口座は二口座で十分

口座は「メイン」と「サブ」の二口座があれば十分です。

株式や投資信託用の口座があって実際に稼働中なら**「資産運用」**のためにそちらも残してもよいでしょう（→本編34p）。

メインの口座は年金の振り込みや各種引き落とし、現金の引き出しなどが主な用途です。

引き落としなどは「新聞はA銀行、電気はB銀行、新聞はC銀行……」と、複数の口座に分散していることがありますが、メイン口座に集約しましょう。そのほうが出入金の把握がしやすくなるからです。

サブの口座は、金融機関の破綻などでメインの口座が凍結されたときに備えるためのもの。また、入院などのように、突然の大きな出費に対応する「安心のための資金」ともなります。

日々のやりくりはメインの口座でおこない、サブの口座には基本的に手を着けません。サブの口座にまとまった額があることで生まれる、気持ちの「ゆとり」を大事にしましょう。

複数の口座に預貯金を分散して管理していたら、日々の口座がひとつだけでは不安・不便と感じるかもしれません。その場合は、もうひとつ増やして、入金&引き出し用と引き落とし用に分けてもいいかもしれません。ただし、入出金口座はひとつのほうがお金の管理は楽です。

口座を絞り込む

全ての口座を書き出す

➔別冊2p「銀行口座を整理する」
➔別冊8p「オンライン上の資産を整理する」

休眠口座がある

ある →

休眠口座の解約

金融機関へ連絡。持参物を確認して窓口へ。
持参物は概ね以下。
□通帳
□キャッシュカード
□届出印
□運転免許証等の本人確認書類

ない →

メイン・サブ口座を決める

メイン➡年金・各種引き落としなど
サブ➡資金のプール

最終的に口座はふたつに絞れるとベスト。管理がグンと楽になる。

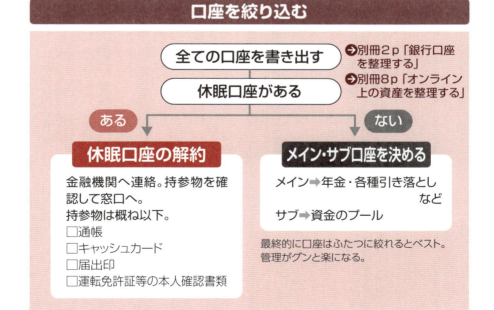

POINT 03

複数のクレジットカードは不要 一本化でお金の管理が楽になります

複数枚を持つメリットは小さい

一般社団法人クレジット協会の調査によると、日本人のクレジットカード保有枚数は平均二・七枚だそうです。

よく利用するデパートやファッションビルごとにクレジット機能つきのカードをつくり、店舗別に使い分けている方も多いでしょう。

複数のクレジットカードを持つことで効率よくポイントをためることができ、特典や割引が受けられるメリットがあります。

ハイクラスなカードになればステイタス感も得られることでしょう。

しかし、**年会費の負担、盗難・紛失のリスク、なにより管理の手間**を考えると、そうしたメリットでは割に合わないのではないでしょうか。

さまざまなメリットへの未練はあるかもしれませんが、クレジットカードは思い切って一本化することをおすすめします。

お金に関する管理はシンプルが一番です。

クレジットカードを整理してみると、店舗別にカードを選ぶ手間や、複数枚を使い分けることが案外と負担になっていたことに気づくでしょう。毎月の明細チェックから解放され、

財布の中のカードが減ってコンパクトになると、持ち運びも楽になります。

残金の一括返済に注意

まずは残すカードを決めましょう。使用頻度が多く、使い勝手がよいと感じているカードを選びます。

年会費が高くても、空港ラウンジの使用、各種店舗での優待など、それに見合うだけの付加価値を実感できているのならそのカードを選んでもよいでしょう。

残すカード以外は解約の手続きを進めていきますが、慌てて解約してはいけません。解約時には残金を一括返済しなくてはいけないので、各々残金がある複数枚のカードを一斉に解約すると、一時的に大きな額が出て行く可能性もあります。

各々のカードの残金を調べ、残金返済の負担を確認してから解約しましょう。

クレジットカードを絞り込む

全てのクレジットカードを書き出す
各カードの利用状況を確認

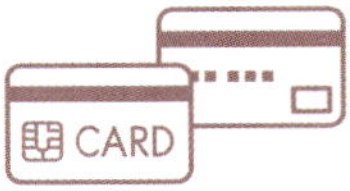

残すカードを決めたら、その他のカードの解約手続きを進める

●解約のときのチェックポイント

- □支払いの残金
- □ポイント残高（残っていたら使い切る）
- □公共料金などの引き落とし（残したカードに切り替えるなどの対処を）
- □家族カードやETCなど紐付いているサービス

残金の支払い額が大きくて負担になるなら、支払いを終えてから解約する。

➔別冊3p「クレジットカードを整理する」

POINT 04

引き落としをやめて全て振り込みにする必要はありません

暮らしに合わせてお金の管理もシンプルに

「リスク分散のため」「用途別にかかった金額を把握しやすいから」「ポイントや付帯サービスが魅力的」と、さまざまな理由で銀行口座やクレジットカードを使い分けることは、特段、珍しいことではありません。

外に出る機会が多くお金の動きも活発な若い人であれば、複数のお金の流れを管理することはそう難しくはないでしょう。

しかし、段々と年齢を重ね、暮らしもシンプルになると、複数の口座やカードは持て余してしまう人のほうが多いのです。

そのことに気づいて銀行口座やクレジットカードの整理に手を着けると、思いのほか時間がかかることが分かるでしょう。

全てを一覧にするだけでも一仕事ですが、その後の解約手続きは、さらに輪を掛けて煩わしい作業となることも珍しくありません。

本人ですら作業を進めるためには時間も手間もかかるのですから、家族がおこなうと負担は二倍にも三倍にもなります。

爽快感に流されない

実際に銀行口座やクレジットカードを絞り込んでみると、それほど不便がないことに気がつくと思います。

最初こそ不安があるかもしれません。財布の中のカードが減ったことに寂しさを感じるかもしれません。しかし、日々の暮らしは確実に身軽になっているはずです。

そして、家族に迷惑をかけることなく煩雑な手続きを粛々とこなしたことは、あなたの中の「現役感」を高めてくれることでしょう。

ただ、こうした爽快感に押されたり、引き落としの解約手続きで家族の負担を減らすために「引き落としではなく全て振り込みにする」と突っ走る方がときどきいますが、それは止めておきましょう。

「コンビニや金融機関に歩いて振り込みに行けば健康にもよくて一石二鳥」「振込用紙が届けば家族でも対応できる」と、よい面ばかりに目がいくようですが、毎月、同じ時期・同じ場所に現金を持って移動することは防犯面からもおすすめできません。

天候がいつもよいとは限りませんし、コンビニや金融機関は閉鎖する可能性だってあります。

「無駄は省き、利便性は残す」。生前整理全般にいえることですが、「不便」をもたらす「整理」こそ「無駄」なことなのです。

振り込みのために「現金」を持って移動するのは防犯面からおすすめできない。天候が崩れると転倒や事故のリスクもある。

POINT 05

「サブスクってなに?」と思う方こそサブスクで損をします

利用しなくても利用料はかかる

「サブスク」とは、サブスクリプション(subscription)の略です。定期購入や年間購読などの意味ですが、現在は、一定期間、一定額で商品やサービスを利用する仕組みのことを「サブスク」と称するようになりました。

「サブスク」の名称は覚えていなくても、実は複数のサブスクを利用しているかもしれません。

代表的なものはインターネット接続料でしょう。毎月、一定額が引き落とされているはずです。

その他のネットやパソコン関連のサブスクには次のようなものがあるので確認してみましょう。

①動画配信
②音楽配信
③本・雑誌
④パソコンソフト・スマホアプリ

①〜③は毎月一定額を課金することで「見放題」「聴き放題」「読み放題」などのサービスが受けられます。④は必要なソフトやアプリを選び、月々または年間で使用します。

若い頃に比べて時間がたっぷりとれるようになり、①〜③を利用して映画や音楽、読書を楽しんでいる方は多いのではないでしょうか。

サブスクの申し込みは、インターネットで手続きができるため契約書などはありません。

ネット上やパソコン・スマホ内のメールでしかその契約状況を知ることができないので、遺された家族がその存在を把握するのが難しいのです。

▼定期購入品もまとめておく

こうしたサービスは、クレジットカードから利用料が定期的に引き落とされる契約になっています。なんらかの理由で引き落としができなくなっても、手続きをしない限り負債（借金）は増え続けます。

サブスクを利用するためのインターネット接続契約を解約しても、サブスク自体を解約していなければ、**その利用料はずっと引き落とされる**のです。

サブスクのほか、定期購入している健康食品や月会費制のジムや習い事などがあれば、そちらもまとめておきましょう。

加入しているサブスクや定期購入品などをチェック

よく利用される サブスク

- □動画配信
- □音楽配信
- □本・雑誌
- □パソコンソフト
  など

よく利用される 定期購入品

- □有機無農薬などの農作物
- □健康食品
- □サプリメント
- □化粧品
  など

サブスクの多くは引き落とし前にメールでお知らせが来る。契約内容が曖昧ならメールからたどれる。

➔ 別冊11p「サブスク、定期購入品を整理する」

POINT 06

通帳と印鑑の保管場所は正確に伝わるようにしましょう

通常の保管方法でOK

防犯上の問題で「通帳と印鑑は別々に保管する」というのは常識です。

生前整理では「家族が分かりやすいようにひとところにまとめたほうがよいのでは?」と思うかもしれませんが、その必要はありません。という より、防犯上、そうした保管は避けるべきです。

通帳や印鑑に限らず、お金に関する書類などは、必要なときが来たら家族が困らないように保管場所が分かるようにしておけばよいのです。

重要書類や印鑑などは、どこに保管するかよりも大切なことがあります。

それが、「正確に家族が分かるようにしておく」ことです。

伝えるなら配偶者

家族の誰か一人だけに保管場所を伝えておくとしたら有力候補となるのが配偶者です。そもそも相続割合が子どもと異なる特別な存在なので不公平感が生まれにくいといえます。

「思い入れがある初孫に教えておく」

「社会的地位がある次男なら安心だろう」

といった情報の伝え方は、相続割合が同じ他の親族が強い不満を抱くことも考えられます。

他の親族との関係性を考慮して、よくよく慎重に進めましょう。

▼保管場所を文書で残す

特定の家族だけに伝えるのが難しい状況もあるかもしれません。

その場合は、**家族だけが見つけられるところに保管場所を記したエンディングノートなどを残しておく**という方法もあります。

遺言書にエンディングノートを保管している場所を記したり、「自分に何かあったら○○に隠してあるエンディングノートを見て」と伝えておく方法です。「私が生きている間は見ないで」と付け加えておくとよいでしょう。

別冊では「重要書類の保管場所」を記載するページ（➡別冊27p）を設けていますので、ぜひ活用してください。

通帳と印鑑の保管場所はどう伝える?

○	△	◎
配偶者	**子供や孫**	**エンディングノートに記す**
家族の納得を得やすい。	不公平感が生まれやすい。	死後に見つかるようにする。家族に情報が平等に行きわたる。

情報はなるべくクローズドにしておくほうがトラブルが回避できる。

➡ 別冊27p「重要書類の保管場所」

POINT
07

不動産を所有しているのなら遺言書をつくっておくことです

不動産の相続は難しい

相続で最もトラブルに発展しやすい財産が「不動産」です。不動産は預貯金や貴金属などのように簡単に分けることができません。

そもそもの額が大きいことに加え不動産の形態が多岐にわたることも問題を複雑にします。

不動産で相続の対象となるのは、「土地」「建物」「不動産に関わる権利」です。これらが「家の敷地」「駐車場」「空き地」など、用途によって財産価値が変わります。

相続問題が家族間の話し合いでまとまらなかった場合は話し合いの場は裁判へと移ります。

裁判にまでもつれこむことも

二〇二三年、家庭裁判所への遺産分割協議調停申立件数は一万四〇〇〇件弱でした。

この数字は、亡くなった方の約一一〇人に一人の割合で相続問題が調停までもつれこんでいることを示します。

せっかく「不動産」という大きな財産を遺すはずが、道筋をつけていないばかりに家族にとって「負動産」に転じてしまうことがあるのです。

不動産があるのなら、道筋となる「遺言書」を準備しておきましょう（遺言書の種類や作成法については本編64～71ｐ）。

不動産を遺すなら「遺言書」を

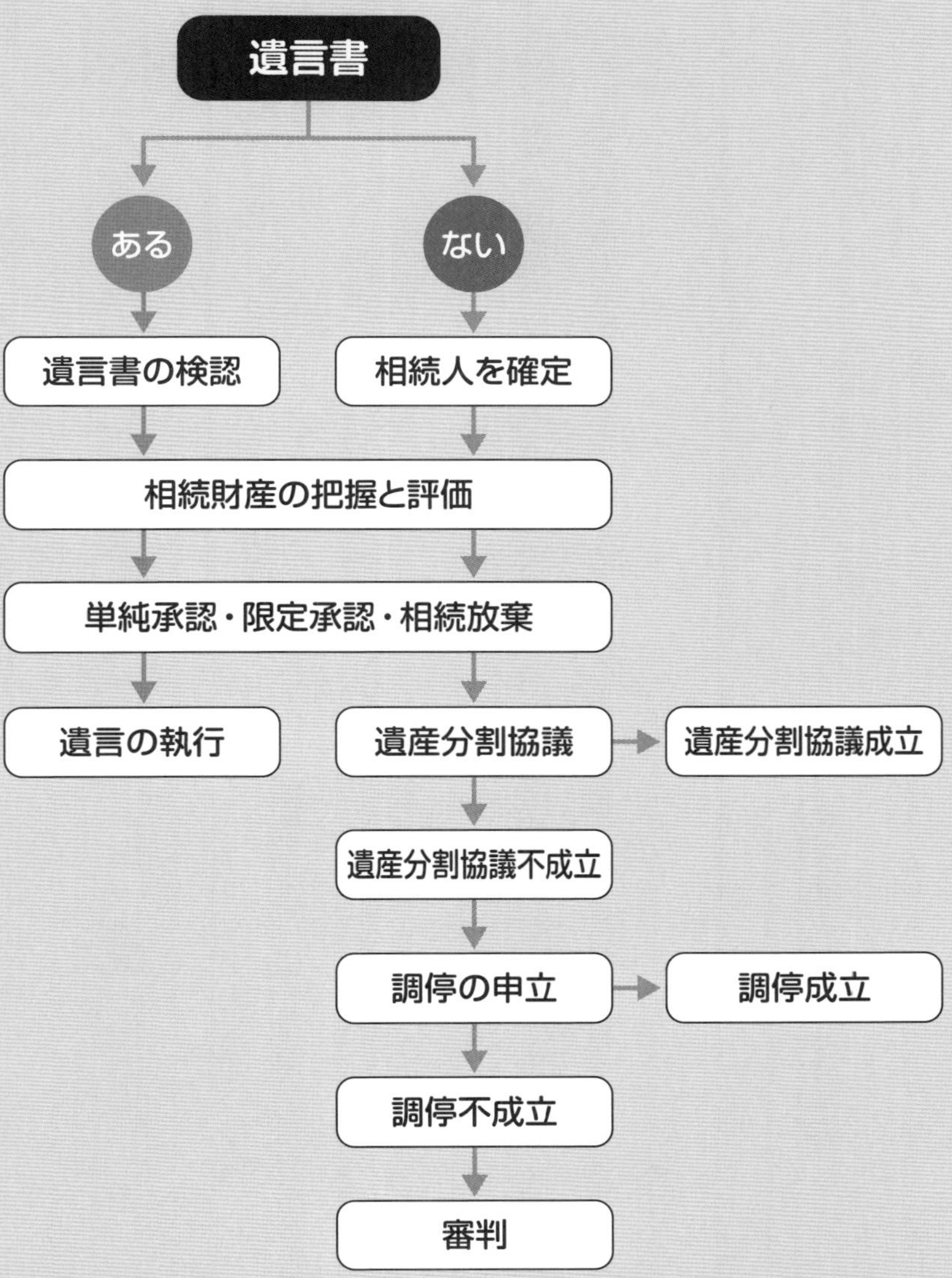

遺言書がないと手続きが煩雑で時間がかかるだけでなく、家族間に遺恨を残すことになりかねない。不動産情報をまとめておくと遺言書の作成もスムーズ。権利書などの書類の保管場所はエンディングノートに記しておく。

➔別冊9p「不動産の情報を整理する」、➔別冊27p「重要書類の保管場所」

POINT 08

オンライン上の資産は「見える化」しておく必要があります

買い物アプリもオンライン上の資産

オンライン上にある資産には、さまざまな種類があります。

インターネットバンク・証券、ネットで申し込む各種保険、暗号資産（仮想通貨）の他、電子マネー、ショッピングサイトのポイントなども含まれます。

額も数百円から数百万円以上と大きな幅があり、どこからを「少額」として切り捨てるか人によって判断が分かれるところでもあります。

デジタル資産が普及したのは、次のような「お得感」があるからです。

□申し込み手続きが簡便である。
□実店舗のように利用時間に制限がない。
□実店舗に出向く時間・手間を省ける。
□現金決済よりポイントなどの特典が大きい。

こうした理由からネットショップのポイントを含めたデジタル資産は利用が拡大していきました。また、ＦＸや暗号資産などのように、そもそもインターネットでなければ取り引きができない商品もあります。

紙の資料が残っていない

デジタル資産はインターネット経由で申し込みをし、契約書類など「紙の資料」が手元にない状況は珍しくありません。そのため、家族はその存在に気がつきません。

せっかくの資産を引き継げない事態に陥っては残念です。

各種取引先の名称、パスワードなど取り引きに必要な情報はきちんとまとめておきましょう（↓別冊8p、→本編148p）。電子マネーについてもまとめておきます。

▼暗号資産は売却も検討

暗号資産は、取り引きをしている業者が国内であれば、契約者が亡くなったあと家族が解約手続きをする場合もさほど困難ではありません。

しかし、海外の業者が相手だとハードルは格段に上がります。

国内の業者に切り替えるか、解約を検討してもよいでしょう。

オンライン上の資産をチェック

貯蓄・保険
- □インターネットバンク
- □生命保険
- □損害保険　など

投資
- □インターネット証券
- □FX
- □暗号資産　など

買い物
- □電子マネー　など

契約内容によっては「本人死亡時に無効」となり、引き継げないものもある。

➔別冊8p「オンライン上の資産を整理する」

POINT 09

証券会社の口座は元気なうちに一本化しておきましょう

解約も引き継ぎも省力化できる

投資をするにあたって、リスク分散のため、または各種特典を目当てに、複数の証券会社に口座を開くのは珍しいことではありません。

その口座を家族が解約するにしても、引き継ぐにしても、手続きする証券会社が複数あるとそれだけ手間がかかってしまいます。

取り引きを全て止める必要はありませんが、証券会社の口座は最小限に絞り込むようにしましょう。

可能ならば思い切って一本化することをおすすめします。

家族が解約する場合は、引き継ぎ後

遺された家族が口座を解約する場合は、一旦、引き継ぐ人の口座に移し、それから解約することになります。

引き継ぐ人が口座をもっていないのなら、新たに口座を開く必要があります。このとき任意の証券会社を選ぶことはできず、基本的には「同じ証券会社に新口座を開く」ことになります。

引き継ぎが済んで始めて、解約の手続きができ現金化が可能となります。口座が複数の会社にまたがってあると、同様の作業を繰り返すことになり家族には大きな負担となってしまうのです。

証券会社の口座を家族が解約するときの手続き

家族が証券会社に口座の有無を問い合わせ
↓
口座の存在を把握
↓
証券会社に関連資料の請求
↓
名義変更のための書類の準備
→
口座を引き継ぐ人が新口座を開く
↓
書類の提出
↓
名義変更終了
↓
解約手続き

提出書類として、相続人全員の印鑑証明書を求められることもある。

➔別冊4p「財産の一覧」
➔別冊8p「オンライン上の資産を整理する」

Column

NISA口座のある証券会社に一本化する

NISA口座を使った投資を現金化すると節税の恩恵を受けられなくなるため、整理するための解約・資金化は現実的ではありません。NISA口座は、ひとつの証券会社でしかつくることができないため、複数の証券口座を開設している場合は、NISA口座に一本化するのが一般的です。

ただし、NISA口座の移管手続きを簡便にすることで投資家を取り込もうとする証券会社もありますので、「NISA口座　移管」とインターネットで検索して検討してみましょう。

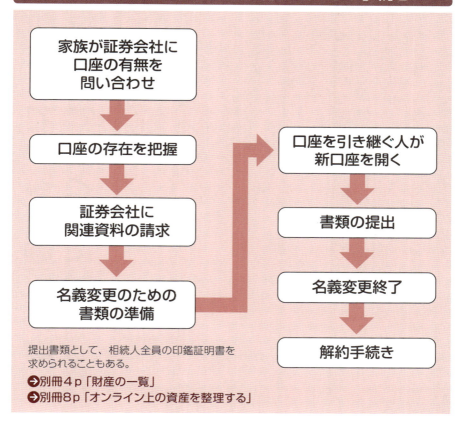

POINT 10

所有している有価証券は現金化すると楽に分けられます

有価証券の分け方は二パターン

財テクとして有価証券（株式、投資信託、国債・地方債など）を所有している方もいるでしょう。それらを複数の相続人で分けるとしたら、次のように引き継ぎます。

①証券会社に、相続人がそれぞれ口座を開き、各口座に引き継ぐ。

②相続人のうち一人が証券会社に口座を開いて全てを引き継ぐ。その後、売却した金額を相続人で分ける。

①の対応の場合、各々の口座に引き継いだあとは、そのまま保持するか現金化するかは個人の自由です。

ただし、売却時期によっては手元に入る現金に差が生じる可能性は大いにあります。

結果的に「損をした」と感じると、内心面白くないはずですが、それでも「自己責任」の範疇と納得がいくでしょう。

問題は②のパターンです。一人が代表して口座を開き、一旦引き継いだあとに売却。その後、その他の相続人に売却益を分配するとなると、手続きの負担が一人に集中してしまいます。

また、よいタイミングで売却しても、それが独断であれば「すぐに売ればよかった」「もっと待てばよかった」と不満は避けられません。売却時期に関しては、ほかの相続人から確実に合意を得ておくことです。

▼非上場株は現金化を

株を現金化しておけば、遺された家族は煩わしい手続きは不要なうえ、「損した」「得した」というざこざも避けられます。

ただ、自分自身や家族が値上がり益などを期待して現金化を望まないこともあります。その場合は、トラブルや手間を避けるために株の引き継ぎ方法を「各自」「代表の一人」にするのか決めておきましょう。

非上場株式の場合は、発行した会社で手続きをしなくてはいけません。評価額の算定も複雑なため、どうしても有価証券のまま家族に引き継ぎたい場合以外は、現金化しておいたほうがよいでしょう。

有価証券を現金化するメリット

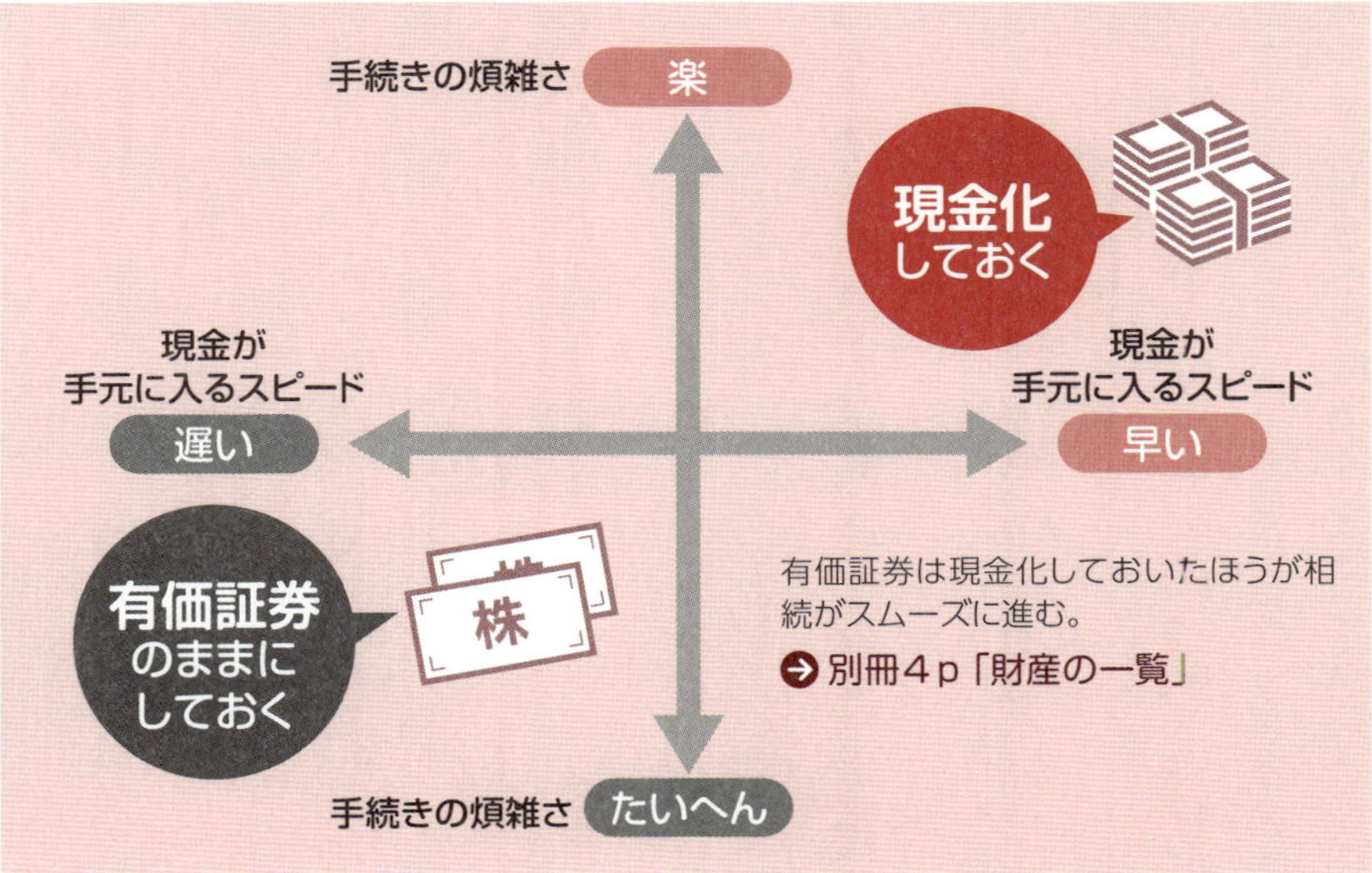

有価証券は現金化しておいたほうが相続がスムーズに進む。

➔ 別冊４ｐ「財産の一覧」

POINT 11

大きな借り入れ（ローン）は必ず分かるようにしておきましょう

住宅ローンは団信加入していれば安心

住宅ローン契約時に団体信用生命保険（団信）に加入していれば、契約者が死亡したあと家族がローンの残金を支払う必要はありません。

基本的には団信に加入することがローン契約の条件となっています。ですから、住宅ローンのしわ寄せが家族にいくことはありません。

リフォームローンの場合は団信への加入は任意のため、団信に加入していないケースもあります。ただし、残りのローンをまかなえるだけの生命保険に加入していれば家族に負担をかける心配はないでしょう。

しかし、生命保険で返済ができないようなら家族がローンを支払うことになります。

相続放棄は判断が難しい

ローン残高が大きいと、遺された家族の負担は大きくなってしまいます。その場合は「任意売却」といって**住宅を売却した代金でローンを完済する方法**もあります。

また、「相続放棄」（→本編42ｐ）を選べばローンを返済する義務はなくなります。

その代わりに預貯金などその他の資産も受け取れなくなってしまいます。家族にはプラスとマイナスの資産状況を正確に把握した判断が求められるのです。

カードローンなどは一括返済等の手当てを

マイカーローン、カードローン、キャッシング、クレジットカードでの分割払いなどは、契約者が亡くなると家族が返済をしなくてはいけません。しかも、一括払いが原則です。

支払い方法について金融機関と相談はできますが、分割にするとそれだけ金利を払うことになるので、ほとんどの家族が一括返済を選びます。

預貯金に余裕があるのなら、残金を完済する、引き落とし口座にあらかじめ入金をしておくなど、ローンやキャッシングの手当てを早めにしておくことです。

カードローン契約時に「消費者信用団体生命保険」に入っているのなら、死亡時には借入残高はゼロになります。

カードローン、キャッシングのちがい

カードローン	借入専門のカードで現金を借りる。 キャッシングに比べて大きな額を借りられる。
キャッシング	クレジットカードに付帯した現金を借りられるサービス。

ローンやキャッシングは返済が滞ると金融機関の口座が差し押さえられることもある。

クレジットカード ➔別冊3p「クレジットカードを整理する」
各種ローン ➔別冊4p「財産の一覧」

Column

親子リレーローンでの団信

多くの金融機関では、親子二代に渡って住宅ローンを組む「親子リレーローン」の場合、団信に加入するのは基本的に子供になります。

POINT 12

個人間でのお金の貸し借りはきちんと片を付けておきましょう

今後は貸し借りはしない

親戚、友人や知人と、お金の貸し借りをしていませんか?

仮に貸し借りがあるのなら、その内容を文書できちんと残していますか?

親しい間柄だと、ついつい口約束でお金を都合してしまったりしますが、これは後々トラブルの原因となってしまいます。**今からでも貸し借りについて文書で残す**ようにしましょう。

また、今後、誰かから借金の申し込みがあったら断るようにしてください。

「前は貸してくれたのに」「絶対に返すから」と、相手も粘るかもしれません。そのような相手にはカードローンやキャッシングをすすめて、決して自分の財布を開かないように。当然、保証人になってもいけません。

領収書やメールで証拠を残す

借りたお金を返す際は、必ず領収書を発行してもらいましょう。逆に貸したお金を受け取るときも同様です。

借用書の作成を相手がごねる場合は、借金の内容についてメールで問い合わせるようにします。どれぐらいの金銭の貸し借りがあったか、お互いが了解していることを残しておきましょう。

個人間のお金の貸し借りについて

Q1 借用書は専門家に作ってもらわないといけないの?

A1 市販品もあり、インターネットで無料ダウンロードもできる。必要事項が記載されていれば自分で作成してもOK。書き換えられるおそれがあるので鉛筆は不可。

Q2 借用書があれば差し押さえができるの?

A2 借用書だけで差し押さえはできない。ただ裁判では大きな証拠となる。

Q3 利息はとれるの?

A3 元本の額が10万円未満の場合は年20%
10万円以上100万円未満の場合は年18%
100万円以上の場合は年15%
これらを超える利息は無効となる。

Q4 電話をしても居留守。折り返しもない。借用書を持って家や職場に行ってもいい?

A4 恐喝や迷惑行為にあたる場合があるので避ける。

Column

保証人について

借金も「マイナスの財産」ですから相続の対象になります。自分が知人の借金の保証人になっているならば、それもわかるように記録しておくことが必要です（➔別冊5p）。

なお、借金の保証だけでなく、知人がアパートを借りたときの保証なども相続財産となります。

POINT 13

資産状況を整理すると家族が相続の方法を選べます

「単純承認」と「限定承認」

家族が相続する資産は、プラスの資産（預貯金や不動産など）とマイナスの資産（ローン、借金など）があります。

相続の際にプラス・マイナス両方の資産を全て引き継ぐことを「単純承認」といいます。プラスの資産が多いことがはっきりしているのなら、家族は安心してこちらを選べます。

一方、両方の資産を引き継ぎ、マイナスの資産についてはプラスの資産でまかなえる分だけを返済する方法が「限定承認」です。

例えば、貯金二〇〇〇万円、借金二五〇〇万円の親が亡くなったとき。

単純承認では子供は五〇〇万円の借金を自腹で返済することになります。

限定承認では引き継いだ貯金の二〇〇〇万円分だけを借金返済すればよく、残りの五〇〇万円の返済義務はありません。

一切を引き継がない「相続放棄」

単純承認・限定承認は全部、または一部の資産を引き継ぎますが「相続放棄」ではプラス・マイナス全ての財産を引き継ぎません。

資産状況をきちんと整理しておけば、遺された家族を相続の方法で悩ませることはありません。

相続の仕方

	引き継ぐ資産	相続人同士の合意	手続き
単純承認	プラスとマイナスの両方	不要	不要
限定承認	プラスとマイナスの両方。ただし、マイナスの資産はプラスの資産でまかなえる範囲だけを返済する	相続人全員の合意が必要	相続開始を知った日から3か月以内に家庭裁判所で手続き
相続放棄	一切引き継がない	単独で放棄できる	

相続手続きには期限があることに注意。資産状況の情報があれば、家族は余裕をもって対処できる。

子供は限定承認・相続放棄をするつもりでも、親の死後に預貯金の一部を引き下ろす、建物を売却するなど遺された財産に手をつけてしまうと、単純承認しかできなくなる。

Column

相続放棄をしても死亡保険金はもらえる？

死亡保険金の「受取人」として指定されているのなら、相続放棄をしても保険金を受け取ることができます。死亡保険金は亡くなった人ではなく「受取人の財産」とみなされるからです。

ただし、「みなし相続財産」として、相続税などがかかることになります（→本編 116p もあわせて参照）。

POINT 14

ゴルフ会員権は引き継げないこともあります

▼会員権は三種類

ゴルフ会員権は会員となったゴルフ場を利用する権利で、会員とクラブの間で有効な権利です。**ゴルフ会員権には社団法人制、預託金制、株主会員制の三種類があります。**

社団法人制は、相続は原則不可が多いようですが、直系親族は可のこともあります。

預託金制と株主会員制は会員権の譲渡（売却）は原則自由となっています。ただ、審査や承認が必要なこともあります。

会員が亡くなったら資格を喪失するとの定めがある場合、会員権そのものを相続することはできませんが、預託金の返還、滞納した年会費の支払いなどは相続することになります。

一方、会員が亡くなった場合の取り決めがないのなら、名義を書き換えることで会員権そのものを相続できます。

▼相続税は市場価値などで決まる

会員権を引き継いだら、ゴルフ会員権に市場価値があると相続税が発生します。

家族がゴルフに興味がないなら売却を検討してもよいでしょう。

売却の際はゴルフ会員権取引協同組合に加入している業者を選ぶと安心です。

ゴルフ会員権の相続税の資産価値

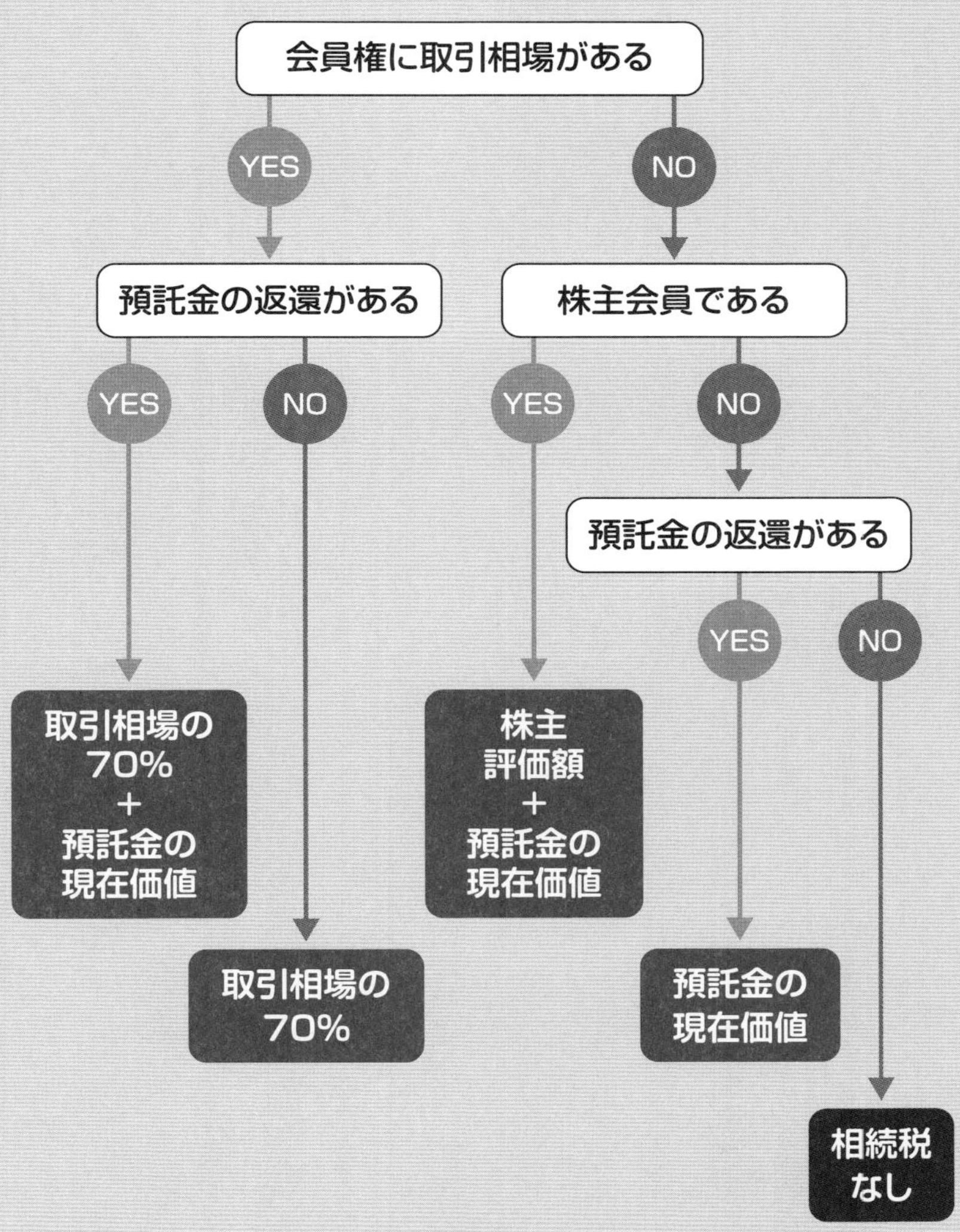

会員権を相続した家族は相続税を納めることになる。相続税の計算方法は実際に売買されるときの取引相場、預託金の有無によって異なる。

➔ 別冊４ｐ「財産の一覧」

POINT 15

宝飾品、着物、ブランド品は元気なうちに整理しましょう

▼保管スペース・財産価値で決める

バブルの頃に購入した高額な宝飾品や着物、ブランド品がクローゼットに眠っている方も多いでしょう。

処分するか家族に遺すか迷うようなら「保管場所」から考えてみましょう。宝飾品であれば、よほどの量でない限りそれほど保管スペースを必要としません。

引き継いだ家族も保管に頭を悩ますことはないでしょう。

金やプラチナ価格の高騰が続いているので、ノーブランドの宝飾品であっても売却時に二束三文ということはないようです。ブランド品の場合は**箱や保証書があると価格がプラス**されるので、一緒に譲りましょう（➔別冊7p、14p）。

▼着物、ブランド品の財産価値は？

かなりの額で購入した着物でも、売るときにはうんと安い値段になることはよくあります。値がつかないどころか、逆に引き取り料金を支払わなければいけないこともあります。

家族が欲しいと希望するなら幸いです。思い出と共に譲りましょう。

茶道や華道、日舞など着物必須の習いごとをしている、または着物そのものを趣味とする友人知

人にも声をかけてみましょう。それでも残ったものは思い切って廃棄するようにします。

ブランド品で所持率が高いのはバッグですが、購入から一〇年以上経っているとデザインやコンディションの面で使い続けるのは難しいでしょう。

▼買取業者の選定は慎重に

着物やブランドバッグを形見分けではなく処分すると決めた場合、「廃棄」か「買取」のどちらかを選ぶことになりますが、**「買取」では強引な「押し買い」をする業者に注意**してください。

「不要品を買い取ります」と電話営業で自宅に上がり込むのですが、本来の目的は着物やブランドバッグではなく金やプラチナを使った宝飾品です。

いざ自宅に訪問すると宝飾品を出すまで居座って、不当に安い金額で買い叩く業者もいます。

「押し買い」対策

☑ 家に入れない

➡電話でのアポ取り、突然の訪問などは断る。

☑ 家に入れてしまったら

➡「留守番なので分からない」「保管場所は子供でないと分からない」と断る。

☑ 万が一、押し買いにあったら

➡クーリング・オフを利用。

☑ クーリング・オフに応じないなら

➡消費生活センターに相談。

POINT 16

生命保険と遺族年金を受け取り損ねることのないように

▼保険証券の保管場所が分かるように

遺された家族の生活を考えて生命保険に加入していても、当然ながら手続きをしなくては支払われることはありません。

生命保険の手続きに必要なものは以下です。

□保険証券
□死亡保険金請求書
□被保険者の住民票
□保険金受取人の戸籍抄本
□保険金受取人の印鑑証明書
□死亡診断書　など

保険証券の保管場所はきちんと記載しておきましょう（別冊6p、27p）。

▼未支給の年金を取り損ねないように

年金は偶数月の一五日に二か月分が振り込まれます。亡くなった月まで年金の給付はあるのですが、**銀行口座が凍結されると振り込まれるはずの年金が宙ぶらりん**になってしまいます。

振り込まれなかった年金は、年金事務所または年金相談センターに以下を提出することで、家族が受け取れます。

□死亡の届出…亡くなった人の年金証書、死亡診断書など
□未支給年金請求の届出…亡くなった人の年金証

書、戸籍謄本、住民票、受け取りを希望する金融機関の通帳など**年金の情報**も記録しておきましょう（➡別冊6p、27p）。

▼遺族がもらえる年金

年金を受け取っている方が亡くなったら、年金の納付状況、家族の年齢・優先順位などの条件に応じて、「遺族基礎年金」「遺族厚生年金」のどちらか、または両方を遺された家族が受け取ることができます。

手続きをしなくては受け取りはできませんので、家族の誰が給付できるのか年金事務所などに確認しておきましょう。

遺族年金〜受け取れる人と種類

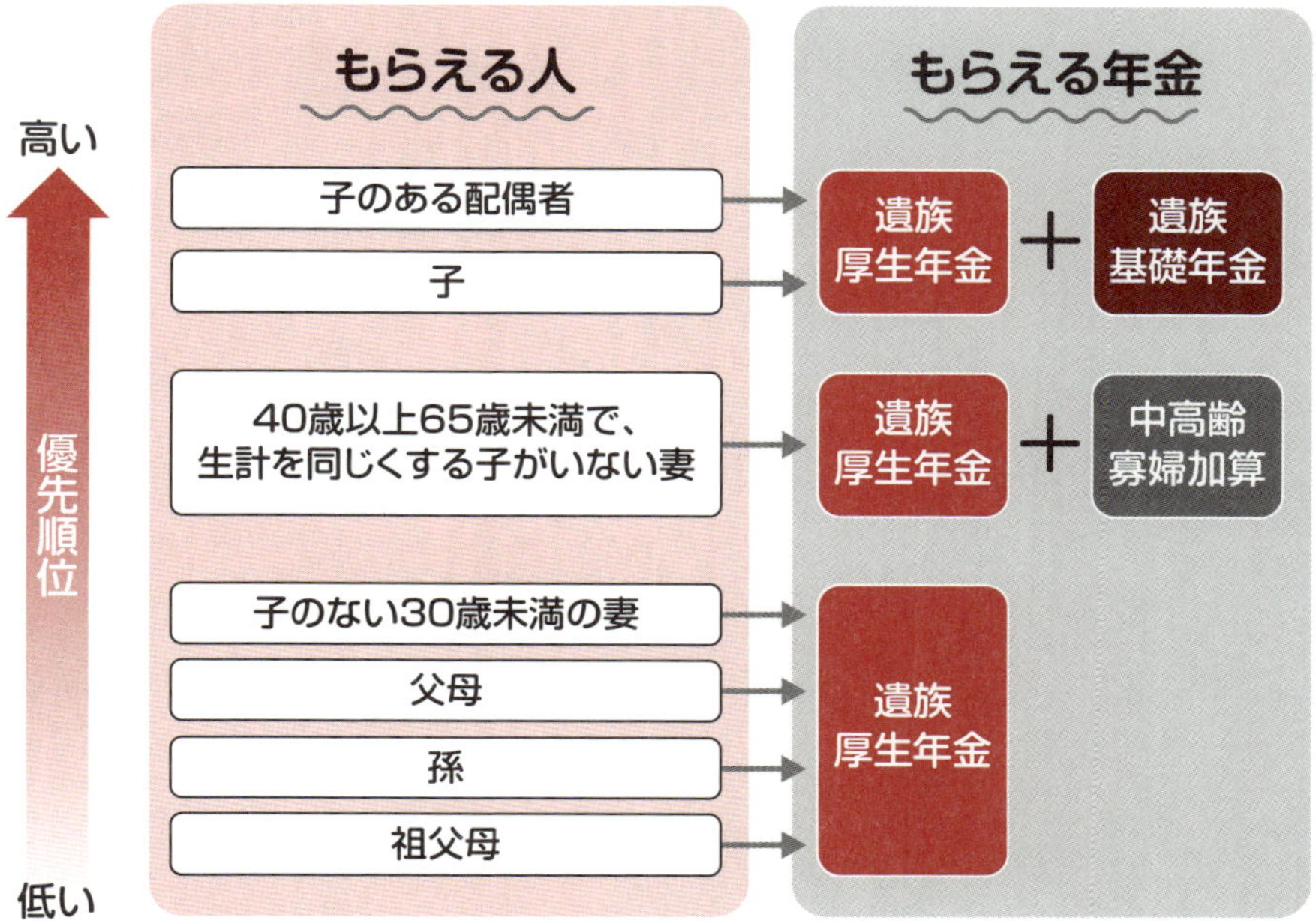

上記は亡くなった人の年金の納付状況などによって遺された家族の給付条件が変わる。詳しくは年金事務所などに確認しよう。
（『遺族年金ガイド　令和6年度版』日本年金機構をもとに作成）

POINT 17

老後の安心のために資金の無駄を見直しましょう

「老後資金二〇〇〇万円」は本当？

一般に「老後資金は二〇〇〇万円以上必要」といわれていますが、本当でしょうか？

いわゆる「老後二〇〇〇万円問題」ですが、この根拠となっているのが、金融庁の金融審議会市場ワーキング・グループが二〇一九年に公表した報告書「高齢化社会における資産形成・管理」です。

報告書の中身を見てみましょう。

モデルケースとなっている高齢無職世帯の収支は次のようになっています。

収入…二〇万九一九八円
支出…二六万三七一八円

毎月五万四五二〇円の赤字となることがわかります。

赤字総額が三〇年間で約二〇〇〇万円になることから「老後二〇〇〇万円問題」として流布されるようになったのでした。

情報に惑わされない

老後に対する不安は健康面から資金面まで、誰しも尽きることはありません。

そんななか「老後資金は二〇〇〇万円以上必要」というショッキングな数字を突きつけられると動揺してしまうでしょう。

しかし、算出の根拠となっている世帯の収支とあなたの世帯の収支が、全く同じ状況ということはないはずです。

いたずらに**不安感を募らせていると「うまい話」をうっかり信じ込んでしまう危険**があります。不安な気持ちにつけこまれ、投資詐欺の被害にあったり、金融商品を精査せずに購入して大事な老後資金を溶かしてしまう高齢者は実に多いのです。

▼収入と支出を整理する

自分の老後の収入と支出を別冊（➡別冊12p）で整理しておきましょう。

「赤字」の恐れがあっても慌てる必要はありません。**圧縮または**

老後の収入と支出

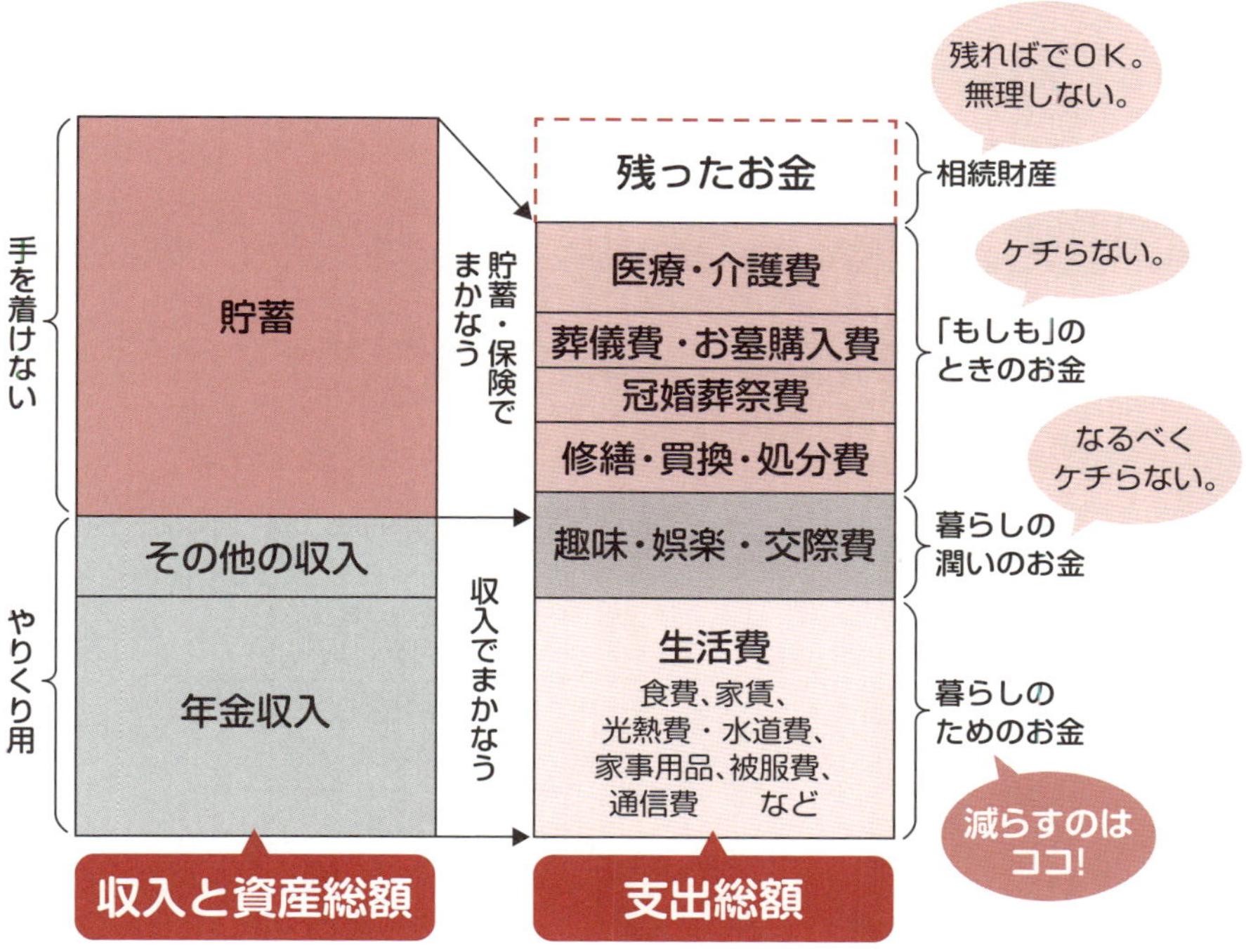

それぞれ平均的な金額を別冊に記入して収支を確認する。

➡別冊12p「老後の収支を整理する」

削減可能な支出を検討していけばよいのです。

　圧縮または削減可能な支出としては次のものがあげられます。

食費…外食は極力減らす。夫婦ふたりなら自炊にこだわらず宅配弁当サービスの利用を検討してみる。一見割高でもスーパーやコンビニでの「うっかり無駄遣い」を減らせる。

家賃…賃貸住宅なら家賃が安い部屋へ住み替えを検討する。住まいの整理（第4章）を進めれば、今より狭いスペースでも不便はなくなる。

光熱費…夫婦二人なら日中は同じ部屋で過ごす。夏や冬は図書館などに散歩がてら出かけ日中のエアコンを節約する。

通信費…夫婦、または家族で同じキャリアにする、動画を見ないならデータ通信量を小さくするなど、スマートフォンの契約を見直す。

減らせる支出はコレ

暮らしのためのお金

生活費
- □食費
- □家賃
- □光熱費・水道費
- □家事用品
- □被服費
- □通信費　　など

→

見直せるのはコレ

- ☑**食費**
- ☑**家賃**
- ☑**光熱費・水道費**
- □家事用品
- □被服費
- ☑**通信費**

第2章

「相続トラブル」は他人事ではありません

相続に必要な法律知識を整理しましょう

あなたの人生の成果である「財産」を家族が平和に引き継げるように

☑相続が「争続」になる不幸

配偶者や子供達の幸せのため長年コツコツと働いてきた結果、マイホームを得てそれなりに蓄えもあり、穏やかな老後を過ごしている方は、ご自身の人生に満足していることでしょう。

が、努力の結晶であるはずの「財産」が、あれほど願った配偶者や子供達の平穏を壊す「爆弾」になる可能性があります。

相続はときに「争続」へと発展し、かつての仲良し家族が絶縁に至ることもあります。

そこまでこじれることはなくても、相続した財産の内容に納得ができず、その後はすっかり疎遠

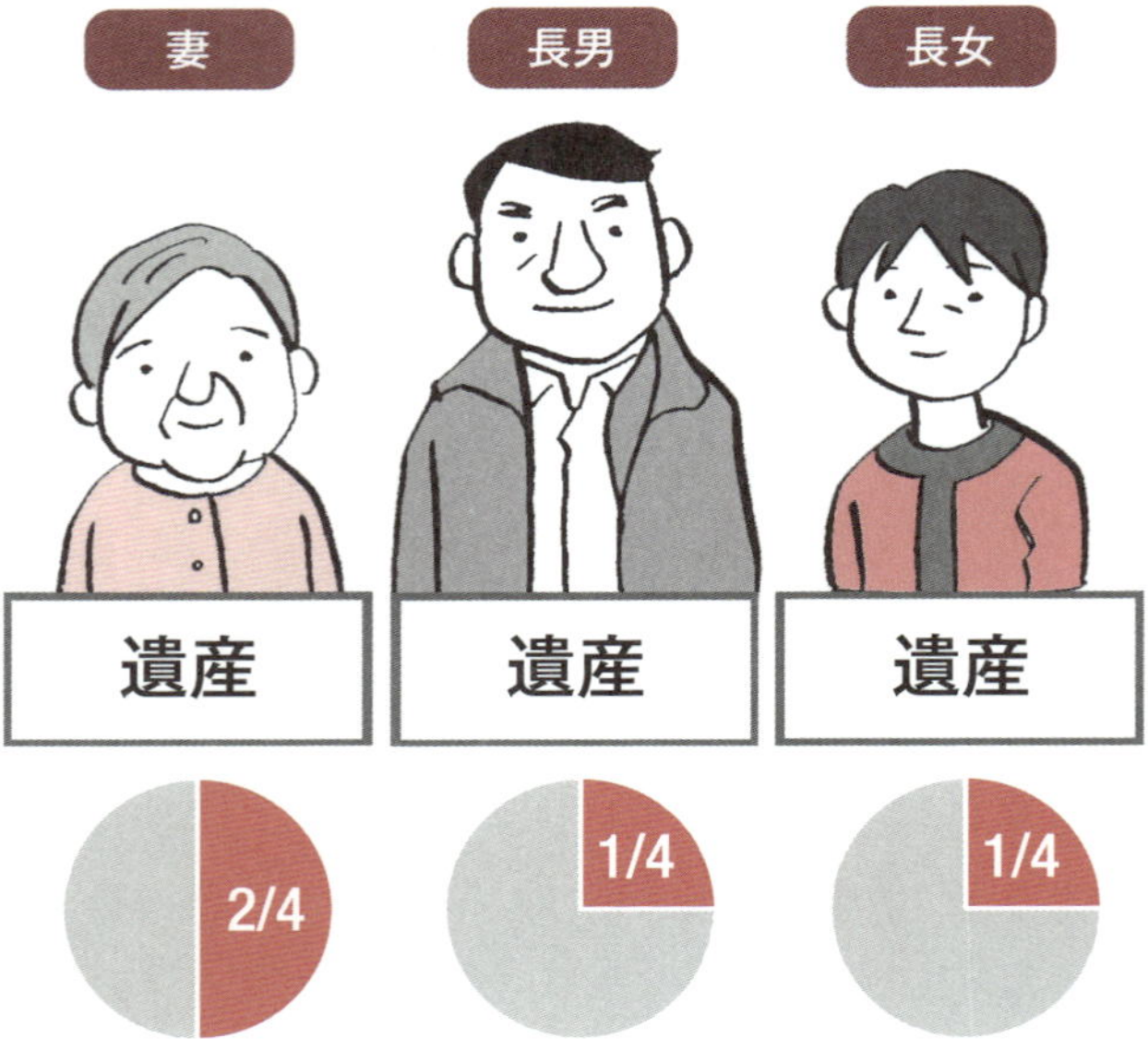

法律で決まった割合で分ける場合。

になってしまうことはよくあることです。

☑ 争わない相続に必要な法律知識

相続財産がなければよかったのでしょうか？いいえ、きちんとした「法律知識」があれば避けられることなのです。

景気低迷の終わりが見えない日本では、努力してもマイホームを持つことや、まとまった貯蓄をすることも難しくなっています。

相続でもたらされる財産に対して、遺された家族が切実な思いを抱くのは当然でしょう。

とくに不動産が絡むと動く額が大きなものになります。その分、相続人達も必死になってしまうのです。

相続人の把握、遺言書の効力、不動産相続の注意点など、相続人同士の仲違いを避けるために必要な法律知識を第2章では解説します。

遺言書があれば、遺言書の通りに分けられる。

POINT 18

法定相続人と相続割合を整理しておきましょう

遺言書で相続人が変わる

第1章では、なにが財産にあたるのか、そうした情報を整理する必要性を説明しました。

本編に沿って、別冊の該当欄を埋めていくうちに、あなたの「お財布」の状況が見えてきたと思います。

遺せそうな財産の見当もついてきたのではないでしょうか。ここでは、あなたの大事な財産を誰が引き継ぐのか考えていきましょう（別冊28ｐ）。

まずは配偶者、残りを按分

持ち主が亡くなった財産は、民法で定められた「法定相続人」に引き継がれます。

法定相続人と亡くなった方との関係によって、相続できる割合は異なります。それぞれどのような割合で財産を相続するかは「法定相続分」で決められています（左下図）。配偶者は常に相続の権利があり、残りをその他の法定相続人で分けることになります。

とはいえ、相続人全員の了解がとれるのであれば異なる分け方にすることも可能です。

ただし、遺言書（→本編64〜71ｐ）をつくっているのなら、その内容が優先されて法定相続人以外に相続させることができますが、こちらも了解がとれれば分け方を変えられます。

法定相続人の相続順位

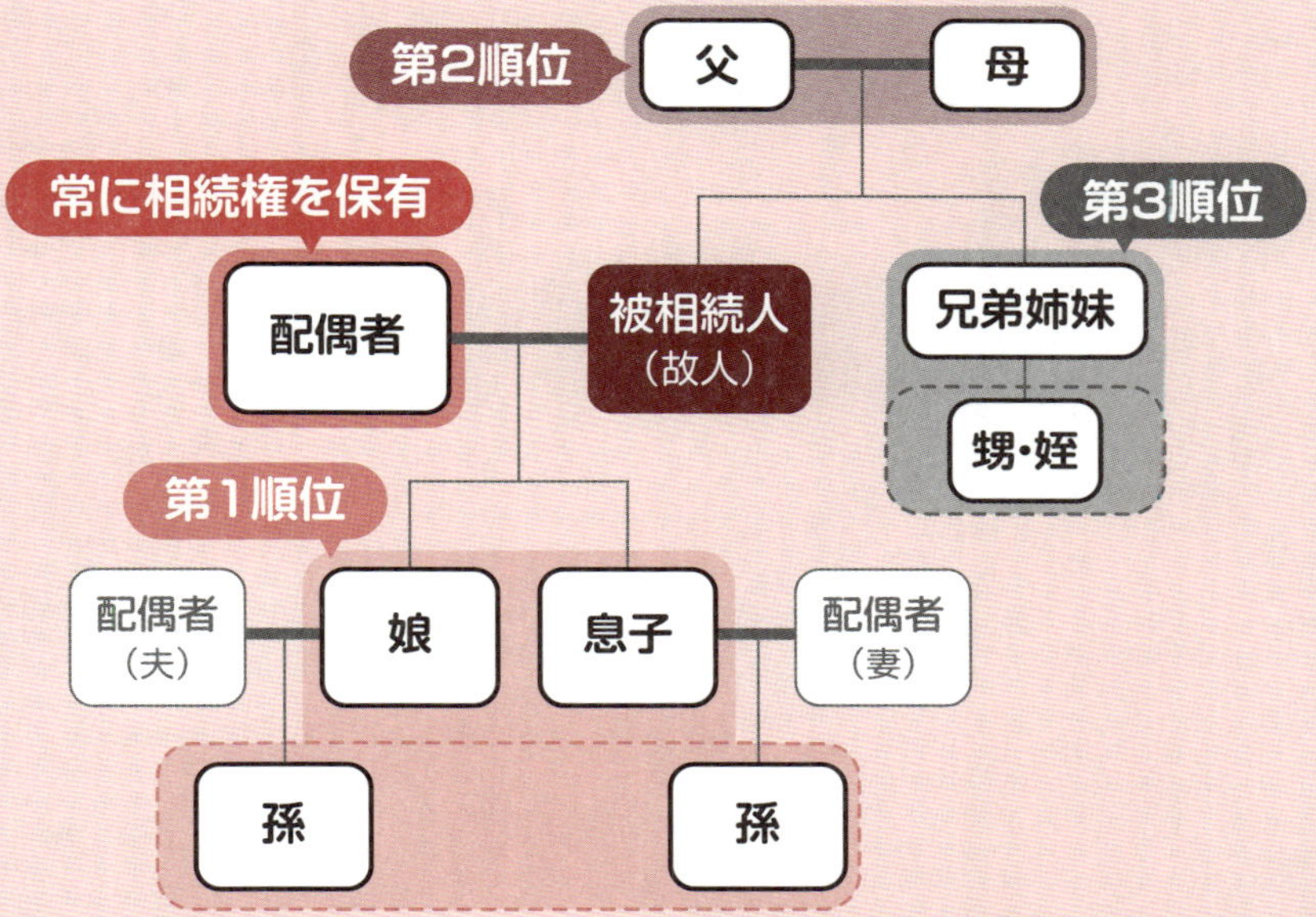

配偶者と第1順位が相続する。第1順位がいなければ第2順位、第2順位がいなければ第3順位が相続する。相続人となる子供（第1順位）が亡くなっているときは孫が代わりに相続する（代襲相続）。子供や孫、そして父母（第2順位）もいなければ兄弟姉妹（第3順位）が相続し、兄弟姉妹が亡くなっているときは甥・姪が代わりに相続する（代襲相続）。

法定相続人と法定相続分

配偶者以外の相続人	法定相続人と法定相続分	
子供（第１順位）がいる	配偶者１／２	子供１／２を人数で分ける
子供がおらず父母（第２順位）がいる	配偶者２／３	父母１／３を人数で分ける
子供・父母がおらず兄弟姉妹（第３順位）がいる	配偶者３／４	兄弟姉妹１／４を人数で分ける

相続人の立場によって相続できる割合が決まっている。

➔ 別冊28p「家系図を整理する」

POINT 19

遺産の分け方はいろいろ やっぱり現金が一番スムーズです

遺産の分け方は四種

多くの場合、相続人は複数人になります。配偶者が健在で子供達がいる場合は、そのメンバーで相続することになります。

遺産を分けるときには、次のような方法があります。

□現物分割…例えば「自宅は姉、預金は弟」のように現物のまま分ける。

□換価分割…相続財産を売却し現金を分ける。

□代償分割…一人が自宅などの現物を全て相続し、他の相続人には代償金を渡す。

□共有分割…財産の一部、または全部を相続人全員で共同で所有する。

スッキリ解決は「現金」

不動産、株、宝飾品など、現金以外の財産はタイミングによって評価が変わるため価値判断が難しく平等に分けることは実に困難です。

さらに相続権がない子供達の配偶者の思惑まで絡んでくることもあり、そうなると事態は混迷を深めるばかりです。

こうしたトラブルを回避する一番の方法は財産を現金化しておくことです。

現金であれば法定相続分に則って不公平感なくスムーズに分割できます。

遺産分割の方法とメリットデメリット

	メリット	デメリット
現物分割 →財産を現物のまま分ける。	相続人が現金化する手間がなく、自宅や宝飾品など思い出の品をそのまま遺すことができる。	価値が高い「不動産」が相続財産に含まれていると公平性に欠ける。
換価分割 →相続財産を売却し、売却代金を分ける。	家族が管理することが難しい財産（不動産など）を売却してお金に換えれば分割しやすいうえ、その後の管理の手間がなくなる。	売却に時間がかかる。または売却できないことがある。
代償分割 →一人が現物を相続し、他の相続人には代償金を渡す。	自宅や自分の会社の株式など特定の財産を引き継ぎたい相続人がいる場合に有効。	引き継いだ相続人に経済力が必要。
共有分割 →財産を相続人全員で共同で所有する。	財産を売却することなく遺せる。	相続後に利用法の変更・売却が困難など自由度が低いうえ、さらに相続が発生すると権利が複雑になる。

Column

会社を経営している場合

自分で会社を経営しているのなら、その会社の株も相続財産となります。子供が会社の後継者であれば、その子供に自社株を相続するケースが多く、自社株の評価額が高額な場合は、代償分割がよく使われます。

POINT 20

遺産を遺したくなくても遺留分は渡ってしまいます

遺留分は権利のひとつ

出て行ったきり音沙汰がない長男よりも、同居している長女の方に遺産を多く遺したいのは人情でしょう。とはいうものの遺言書（↓本編64p）に長男には遺産は渡さないと明記しても、残念ながらそれは認められません。

亡くなった人の配偶者、子供や孫（直系卑属）、親や祖父母（直系尊属）には「遺留分」が認められているからです。

遺留分とは、遺産から受け取ることが保障された最低限の取得分のことをいいます。

遺言であっても遺留分まで取り上げることはできないのです。

ちなみに、兄弟姉妹、甥姪は法定相続人ではありますが、遺留分は認められていません。

遺留分の割合は？

遺留分の割合は、被相続人と相続人との関係によって異なります。

相続人が「配偶者」と「子供二人」のケースで考えましょう。

□配偶者の法定相続分「1／2」。

↓遺留分はその半分の「1／4」。

□子供の法定相続分は「1／2」。

↓二人兄弟なので二で割ると一人あたり「1／

4」。

↓遺留分はその半分の「1／8」。

冒頭の例では、長男が自分の遺留分が守られていないと感じたら、「遺留分の権利を侵害した相手」である長女に対して「遺留分侵害額請求」が可能です。

当事者間で決着がつかなければ家庭裁判所での調停手続きへと進むことになり、侵害が認められれば長女は長男にお金を支払わなくてはいけません。「長女にたくさん相続させたい」という気持ちが仇になってしまうのです。

法定相続分と遺留分

法定相続人		法定相続分	遺留分
配偶者のみ		1（全部）	1/2
子のみ		1	1/2
父母のみ		1	1/3
配偶者と	子	配偶者：1/2　子：1/2÷頭数	配偶者：1/4　子：1/4÷頭数
	父母	配偶者：2/3　父母：1/3	配偶者：1/3　父母：1/6

計算例
遺産総額2000万円、配偶者と長男・長女が相続人の場合の遺留分の計算は以下。
配偶者　2000万円×1/4＝500万円
長男・長女それぞれ　2000万円×1/4÷2＝250万円

Column

法定相続人以外に遺産を渡す

何十年も顔も見ていなくても、子供であれば法定相続人であることは紛れもない事実。相続の権利は絶大です。

音信不通の子供ではなく、熱心に介護をしてくれた次男の嫁、お気に入りの孫、ピンチに助けてくれた友人など、法定相続人ではない人に遺産を残したい場合は、遺言書に記すことが必要です。遺言書がなければ法律上、一銭も遺すことができません。

POINT 21

遺言書がなければ遺産分割協議が必要です

遺言書の有無で負担は大違い

相続対象となる財産を持っている方が亡くなったら、遺された家族は葬儀などの手配もしつつ速やかに相続手続きを進めなくてはいけません。

遺言書があり、その内容に相続人全員が納得できれば、内容通りに遺産を分けて相続の作業は終了します。

遺言書がないなら相続人が集まって**「遺産分割協議」**をおこない、誰がどれだけ相続するか決める必要があります。

なお、故人に財産を凌ぐほどの大きな借金があった場合、相続の開始を知ってから三か月以内に相続放棄の手続きをする必要があります。三か月を過ぎると大きな「負の財産」を含めて相続しなければならないからです、

遺産分割協議は相続人全員で

遺産分割協議は相続人が一人でも欠けていたら成立しません。相続人が未成年者の場合は代理人の参加も必要です。

遺産分割協議で皆が合意したら、その内容を**「遺産分割協議書」**としてまとめます。遺産分割協議書には、相続人全員が署名・押印します。

遺産分割協議の話し合いが決裂したら、司法に判断を仰ぐことになります。

遺産相続の手順

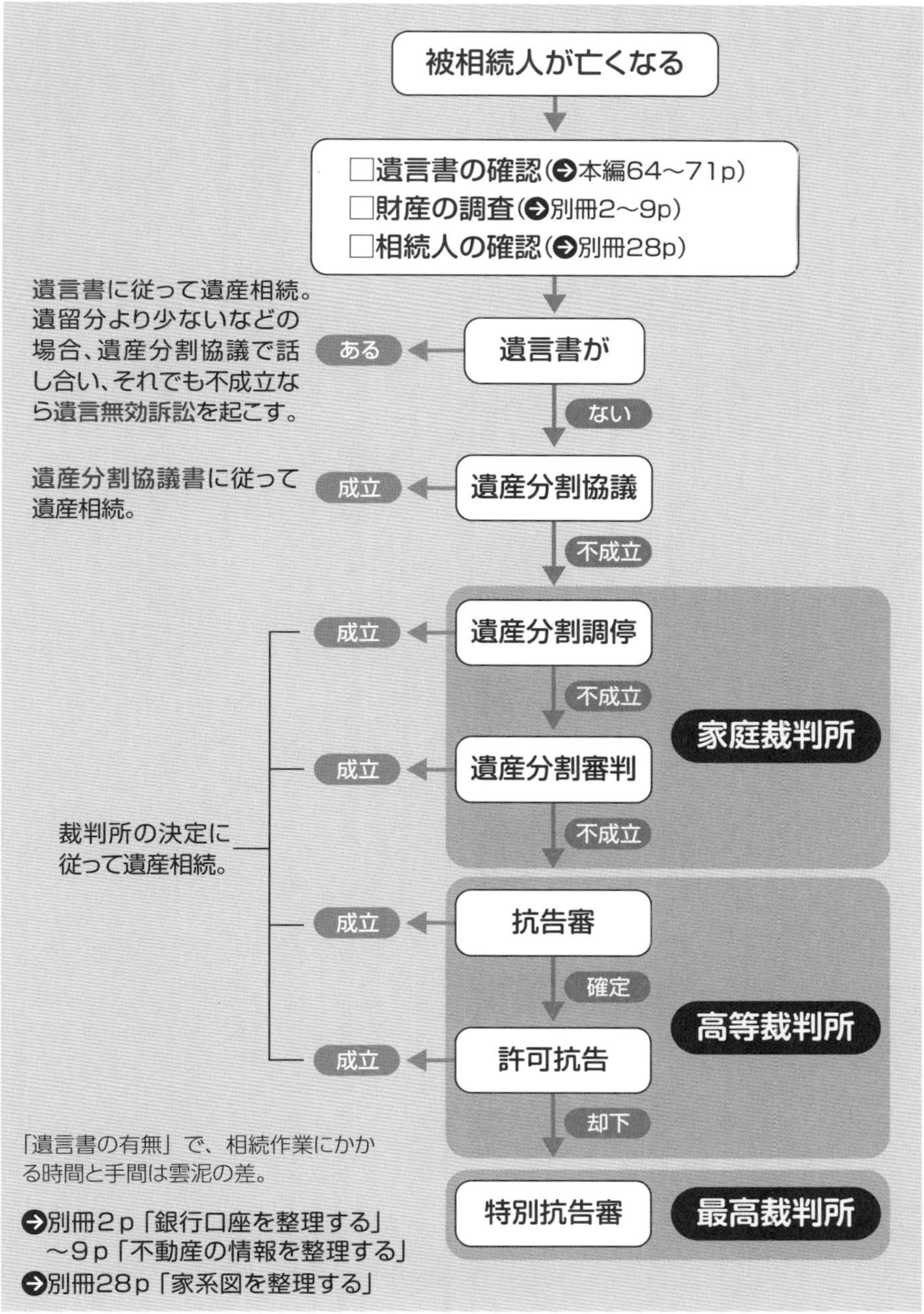
被相続人が亡くなる
□遺言書の確認(➔本編64〜71p)
□財産の調査(➔別冊2〜9p)
□相続人の確認(➔別冊28p)
遺言書が
ある
遺言書に従って遺産相続。遺留分より少ないなどの場合、遺産分割協議で話し合い、それでも不成立なら遺言無効訴訟を起こす。
ない
遺産分割協議
成立
遺産分割協議書に従って遺産相続。
不成立
遺産分割調停
成立
不成立
遺産分割審判
成立
不成立
家庭裁判所
裁判所の決定に従って遺産相続。
抗告審
成立
確定
許可抗告
成立
却下
高等裁判所
特別抗告審
最高裁判所
「遺言書の有無」で、相続作業にかかる時間と手間は雲泥の差。
➔別冊2p「銀行口座を整理する」〜9p「不動産の情報を整理する」
➔別冊28p「家系図を整理する」

POINT 22

遺書と遺言書では法的効力が異なります

「遺書」と「遺言書」の違い

「遺書」と「遺言書」。どちらも家族や大事な人に遺す文書ですが、法的効力の有無において大きな違いがあります。相続でもめないようにと書いたのに、全く効力がなかったということのないよう、違いを理解しておきましょう。

遺書は「思い」を伝えるもの

「遺書」とは、人生の終焉を意識した人が、家族や友人・知人に向けて遺す文書です。感謝であったり後悔であったり、さまざまな感情を書き記します。「遺書」は「思い」を伝えるものなのです。

様式は自由ですから、筆でしたためた辞世の句も、手帳の切れ端に走り書きした文書も「遺書」となります。ただし、これらの「遺書」には法的な拘束力はありません。

「遺言書」は法的効力を持つ

遺言書に記載することで法定相続人以外にも財産を遺すことができますが、自由に書くことができる遺書と異なり、遺言書は記載すべき事項が法律で決まっています。**記載事項が欠けていると遺言書の法的効力が失われてしまい、**法的には遺言書がなかったことになってしまうのです。

遺言書は「普通方式遺言」と「特別方式遺言」の二種

普通方式遺言			
	自筆証書遺言 （➔本編66p）	公正証書遺言 （➔本編70p）	秘密証書遺言
作成方法	本人自筆。	公証人が口述筆記（公証役場で作成）。	本人（自筆・代筆・パソコン可）。
費用	無（検認の費用はかかる）。	作成手数料。	公証人の手数料が必要。 検認※の費用。
証人・立会人	不要。	証人２人以上の立ち会い。	公証人１人、証人２人以上。
署名・押印	本人のみ。	本人、証人、公証人。	本人、証人、公証人。
家庭裁判所の検認	必要（法務局保管制度利用の場合は不要）。	不要。	必要。
メリット	安価ですぐに作成可能。	公証人の確認があるので無効にならない。	自書は署名のみでよい。
デメリット	死後に存在を知られないことがある。 書き換えの危険。 方式や内容によっては無効になる。	費用がかかる。 証人が必要。	死後に存在を知られないことがある。 方式や内容によっては無効になる。

※「検認」とは…相続人に遺言の存在とその内容を知らせ，遺言書の形状など遺言書の内容を明確にし、偽造・変造を防止するための手続き。

特別方式遺言	
危急時遺言	病気やけが、遭難などの特殊な状態に陥っている人が利用できる。「一般危急時遺言」と「難船危急時遺言」がある。
隔絶地遺言	伝染病や乗船中などの事情で一般社会や陸地から離れた場所にいる人が利用できる。「一般隔絶地遺言」と「船舶隔絶地遺言」がある。

遺言書の「付言事項」（→本編67p）には自分の「思い」を書くことができる。遺言書にも「遺書」的な要素を加えることが可能。

➔別冊14p「相続に関する希望を整理する」

POINT 23

効力のある遺言書は自分の力でつくれます

遺言書に必要な要素

普通方式遺言には「自筆証書遺言」「公正証書遺言」「秘密証書遺言」の三種があると説明しました。

このうち、最も手軽につくれるのは「自筆証書遺言」でしょう。

民法では「自筆証書遺言」について次の規定があります。

「自筆証書によって遺言をするには、遺言者が、その全部、日付及び氏名を自書し、これに印を押さなければならない」

つまり、自筆証書遺言は、「全部手書き」である必要がある訳です。

表現は明確に

自筆であっても記載事項をきちんと網羅していれば法的効力を立派に発揮できます。

注意が必要なのが「曖昧な表現」です。曖昧な表現で記載してしまうと、家族を混乱させてしまうことになります。

例えば「預貯金を譲る」では、どこの金融機関なのか分かりません。「銀行名・支店名・口座番号」を明記してください。

財産が複数あるなら「資産目録」を付けます。こちらはパソコンや代書も認められています。

自筆証書遺言の例

遺言書　表題をつける。

遺言者　新星太郎は、以下の通り遺言する。

1. 遺言者の妻・新星花子（昭和○○年○月○日生）に次の財産を相続させる。
（1）土地
所在／東京都台東区○○1丁目
地番／1番1号
地目／宅地
地籍／○○.○○平方メートル
（2）建物
所在／東京都台東区○○1丁目
家屋番号／1番1号
種類／居宅
構造／木造瓦葺二階建て
床面積／1階○○.○○平方メートル　2階00.00平方メートル
（3）同居宅内にある家財一式

登記簿通りに記載。

2. 次男・新星二郎（昭和○○年○月○日生）に遺言者名義の次の財産を相続させる。
（1）遺言者名義の○○銀行○○支店　普通預金（口座番号12345）の全て
（2）自動車
登録番号／東京○○は○○○○
種別／普通　用途／自家用車　車名／ベンツ　型式／A180
車台番号／○○○○○

3. 長男・新星一郎（昭和○○年○月○日生）に遺言者名義の次の財産を相続させる。
（1）遺言者名義の株式会社○○株式○○株（○○証券○○支店に預託）

財産は具体的に記載。

遺言者は、本遺言の執行者として、次男・新星二郎を指定する。

遺言執行者を指名する（→本編76p）

付言事項
遺言者は、妻・新星花子と同居している次男・新星二郎に、介護等の負担がかかることを想定し、遠方に住む長男・新星一郎より多く相続させることにした。
パソコンのID：SINSEI　パスワード：123
IDパスワード一覧ファイルのパスワード：0978

大切なファイルのIDやパスワードを記入しておくとよい（→本編148p）

令和○○年○月○日
住所　東京都台東区○○1丁目1番1号
遺言者　新星太郎　（印：新星）

元号・西暦どちらでもよい。日付は月日まで記入。

本名を記載。認め印でも可。

遺言書が複数枚になったら、閉じるか契印（割印）をする。

➔別冊14p「相続に関する希望を整理する」

POINT 24

法務局の制度を使って自筆の遺言書を預けることができます

法務局に遺言書を預ける

自筆証書遺言は、自分で作成ができ、証人・立会人も不要なので、手間も費用もかかりません。一方、「遺言書としての体裁が整っていない」「偽造や書き換えのリスク」「死亡時に相続人に存在が知られない」「検認が必要」などのデメリットがあります。

こうしたデメリットは**法務局の「自筆証書遺言書保管制度」を利用すると解消**できます。

□遺言書の形式を窓口で確認→必要に応じて訂正。

□法務局に保管することで紛失や偽造、書き換えを防ぐ。

□申請時に指定した相続人等に、死亡時に遺言書の存在を通知。

□検認の必要がない。

□自筆証書遺言の原本(死後五〇年間)と画像データ(同一五〇年間)の両方を保管。

法務局には必ず本人が手続きに行きます。定められた様式で作成しなくてはいけないのですが、法務局のホームページでテンプレートをダウンロードできるので安心してください。

法務局では形式の確認だけで、内容が適正であるかは判断してもらえません。内容が心配なら、事前に無料の法律相談などを利用して不安を解消しておきましょう。

自筆証書遺言書保管制度の流れ

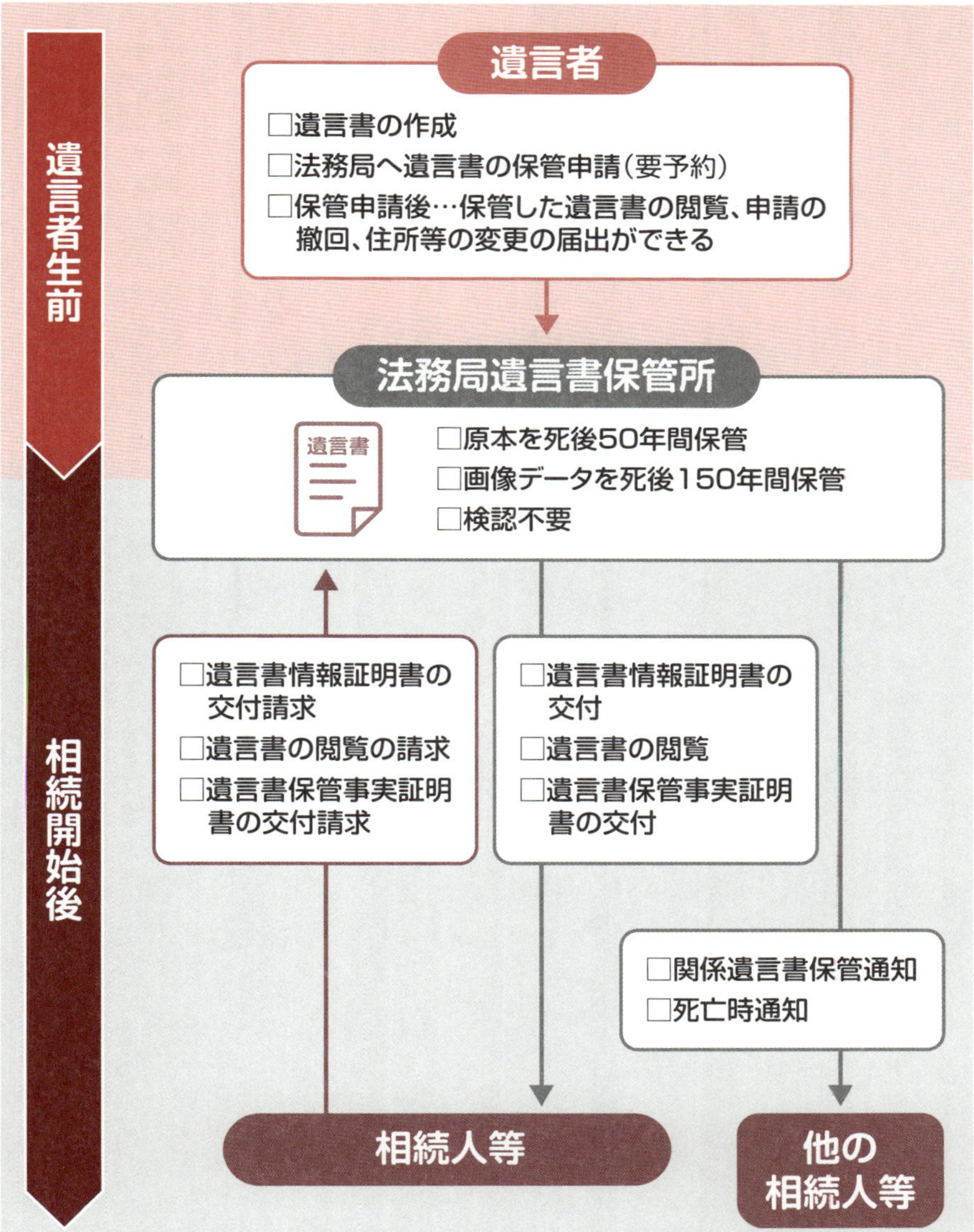

「他の相続人等」に送られる関係遺言書保管通知とは、相続人の誰かが遺言書の閲覧をしたり、遺言書情報証明書の交付を受けたら、相続人全員に遺言書の保管を知らせる通知。死亡時通知は死亡事実が確認できたとき遺言書の保管を知らせる通知。

➔別冊14p「相続に関する希望を整理する」

POINT 25

公正証書遺言は費用はかかりますが公的に承認され保管されます

公証人は法律実務の経験者

公正証書とは公証人が作成し、内容を証明する書類のことです。公証人には守秘義務がありますから、相談内容が漏れることはありません。

市役所や区役所は地方自治体が設置しますが、公証役場は法務省の管轄です。全国で三〇〇か所程度設置されています。

必要書類を準備

公正証書遺言書は公証役場に出向いて、または公証人に来てもらって作成します。作成には以下が必要です。

①**実印、印鑑登録証明書**…三か月以内に発行されたもの。

②**身分証明書**…印鑑登録証明書に加えて運転免許証。パスポート、マイナンバーカードなど顔写真がついた身分証明書が必要なこともある。

③**戸籍謄本**…遺言者と相続人の続柄が分かるもの。

④**遺贈する相手の住民票**…財産を相続人以外に遺贈する場合。法人なら登記簿謄本。

⑤**財産に不動産がある**…登記簿謄本と、固定資産評価証明書、または固定資産税・都市計画税納税通知書中の課税明細書。

⑥**証人を用意する場合**…証人予定者の氏名、住所、生年月日。職業を記載したもの。

公正証書遺言作成の流れ

- STEP 1　□財産の調査（➔別冊 2 ～ 9p）　□相続人の確認（➔別冊 28p）
- STEP 2　誰に何を相続させるかまとめる。
- STEP 3　公証役場に連絡。STEP2 の書類を提出。
  - 公証役場に特に管轄はない。住まいや職場の近くなど、通いやすい場所を選ぶ。
- STEP 4　公証人から届いた「公正証書遺言の案」の確認と修正。
- STEP 5　「公正証書遺言の案」が確定したら、遺言書作成日時を確定。
- STEP 6　必要書類の準備・証人の依頼。
  - **証人になれない人**
    - □未成年者
    - □法定相続人・その配偶者・直系血族
    - □遺贈を受ける人・その配偶者・直系血族
    - ※証人が見つからない場合は公証役場で紹介可能。
- STEP 7　公証役場で遺言書作成。
  - 実印持参。証人は認印でも可。

公正証書遺言作成の費用

相続財産の価額	手数料
100万円以下	5000円
100万円超～ 200万円以下	7000円
200万円超～ 500万円以下	1万1000円
500万円超～ 1000万円以下	1万7000円
1000万円超～ 3000万円以下	2万3000円
3000万円超～ 5000万円以下	2万9000円
5000万円超～ 1億円以下	4万3000円
1億円超～ 3億円以下	4万3000円に超過額5000万円までごとに1万3000円を加算した額
3億円超～ 10億円以下	9万5000円に超過額5000万円までごとに1万1000円を加算した額
10億円超～	24万9000円に超過額5000万円までごとに8000円を加算した額

公正証書遺言の作成日に手数料を支払う。

➔別冊2p「銀行口座を整理する」～9p「不動産の情報を整理する」
➔別冊14p「相続に関する希望を整理する」、➔別冊28p「家系図を整理する」

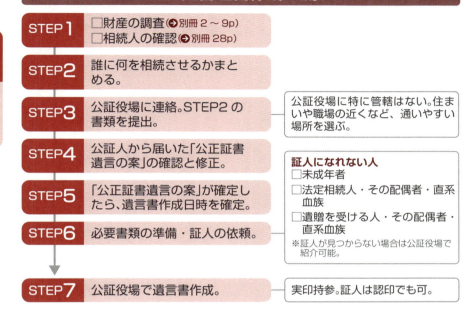

POINT 26

事実婚のパートナーにも財産を遺す方法はあります

認知した子供は相続権がある

事実婚のパートナーは、原則的に何も相続することはできません。事実婚とはいえ、パートナーとの間に認知している子供がいるのなら、その子供は財産を相続する権利があります。

パートナーに財産を遺したいのなら、次のような方法があります。

遺言書で遺贈する

遺言書によってパートナーに財産を遺すことはできます。とはいえ、戸籍上の配偶者や、その相手との子供がいる場合、全ての財産をパートナーに遺すことはできません。遺留分（↓本編60ｐ）を請求されたら渡さなくてはいけないのです。

また、事実婚のパートナーは配偶者であれば受けられる相続税の優遇措置を受けることもできません。

生命保険の受取人に指定する

自身を被保険者とした生命保険に入り、受取人をパートナーにすることで、まとまった額を遺すこともできます。

このような場合、生命保険の非課税枠（↓本編120ｐ）を受けることができないので注意が必要です。

生前贈与をする

生前贈与は、贈与する相手との関係に制限はありませんから、配偶者や子供といった身内以外、パートナーにも生前贈与することができます。

ただし、**年間の贈与額が一一〇万円を超えると贈与税の申告が必要となる**ので注意してください。

特別縁故者にする

被相続人が亡くなったあとにパートナーが「特別縁故者」であることを家庭裁判所で申し立てる方法もあります。次の条件が満たされれば、申し立てにより遺産を受け取れる場合があります。

□被相続人に法定相続人がいない。
□被相続人の看病や介護をおこなった。
□被相続人と生計を同じくしていた。
□その他、特別密接な関係にあった。

事実婚のパートナーに財産を遺す方法

状況的に可能ならば入籍するという方法もある。

POINT 27

前妻・前夫との子供にも相続の権利があります

前妻・前夫との子は相続順位第一順位

前妻や前夫には相続権はありませんが、前妻や前夫との間にできた子供達には相続権があります。

義務である養育費は全て払い終えた、長らく音信不通であった、子供達も成人しお金には苦労していないなど、「相続の必要はないのでは？」と感じる理由があるかもしれません。

しかし、前妻や前夫との間の子供であっても相続順位第一順位の法定相続人です。**現在の配偶者との間に子供がいるのなら、その子供と同等の扱いになります。**

現在の配偶者との間に子供が一人。前の結婚で子供が二人いたとします。

相続の割合は現在の配偶者が二分の一、子供達全員で二分の一。子供が合計三人なので一人あたりの割合は六分の一となります。

前妻・前夫との子を排除できない

遺産分割協議は相続人全員が参加しなければ無効となってしまうので、前妻・前夫との間の子供を除外することはできません。

前妻・前夫との子供の同意がなければ、不動産を処分したり、預貯金の払い戻しをすることもできないのです。

遺言書を作成することで相続財産に差をつける

ことはできますが、遺留分を逃れることはできません。

遺言書を専門家に預ける

前妻・前夫との子供達、現在の配偶者の子供達へ遺産をどのように遺すか、いろいろと思うところがあることでしょう。現在の配偶者の気持ちも尊重しなくてはいけません。

複雑な意向を反映するためには、弁護士や税理士など専門家のアドバイスを受けて遺言書を作成することです。

遺言書の作成でサポートを受けた専門家に遺言執行者（→本編76ｐ）になってもらえば、前妻・前夫との子供への連絡など相続の実務的な部分も担ってもらえるので、現在の家族の心理的負担が大幅に軽減されます。

前・現配偶者の子供の相続割合

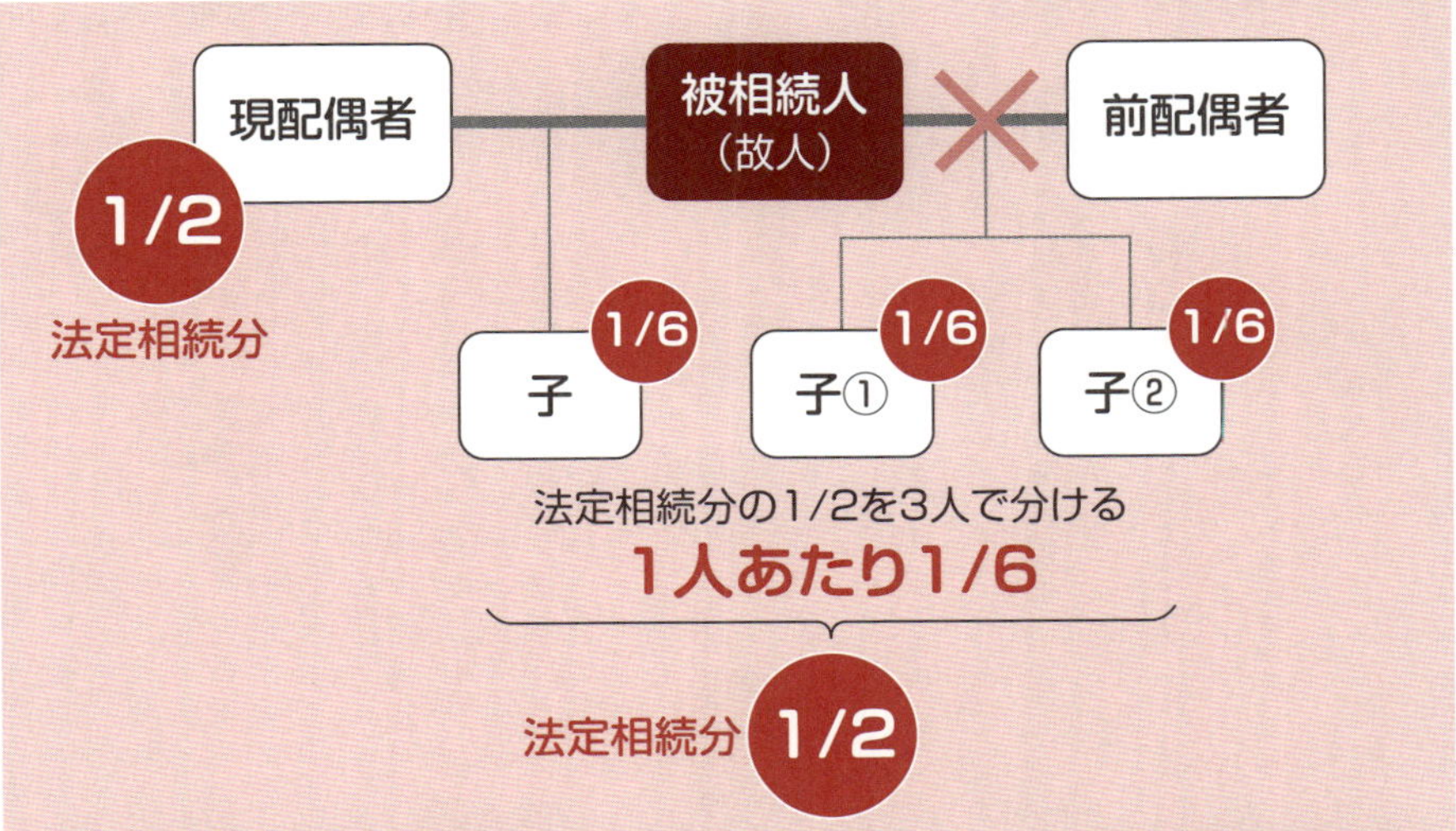

法定相続分の1/2を子供の頭数で割ったのが1人あたりの相続分。「子供」は前配偶者・現配偶者との間の子供全員。

POINT 28

遺言執行者を選定することであなたの遺言が正しく実現されます

遺言書があってももめそうなケース

相続にあたって、次のような心配事はありませんか？

□婚外子がいる。

□前配偶者との間に子供がいる。

□財産を遺したくない相続人がいる。

□相続人が多忙、遠方に住んでいるなどで、相続手続きをすることが難しい。

□相続人同士がもめて遺言書が反古にされそうな気配がある。

ひとつでも該当するようなら、遺言執行人を選定しておくと安心でしょう。

遺言執行人には、遺言書の通り相続を進めるためのさまざまな権限が認められており、相続人への連絡、預金の解約などの実務を一手に担うことができる存在です。

遺言執行者の適正

個人法人どちらでも遺言執行人になることはできますし、弁護士や司法書士など士業でなければいけない訳でもありません。

身内を指定することもできますが、相続にまつわる作業は多岐にわたります。それなりの法律知識や相続に関する実務経験がないと対処は難しいでしょう。

知識や経験がない遺言執行者では、期限内に手続きを終了できない可能性もあります。さらには、無知を突かれ公平な相続ができなくなるだけでなく、最悪の場合、相続財産を減らしてしまう危険まであるのです。人選はくれぐれも慎重におこないましょう。

ちなみに、未成年者や破産者は遺言執行者になれません。

遺言執行者の決め方

遺言執行者は、次のいずれかの方法で決定します。

□遺言書で指名する。
□遺言書に第三者に遺言執行者を決めてもらうよう指定する。
□家庭裁判所で選定してもらう。

遺言執行者の業務内容

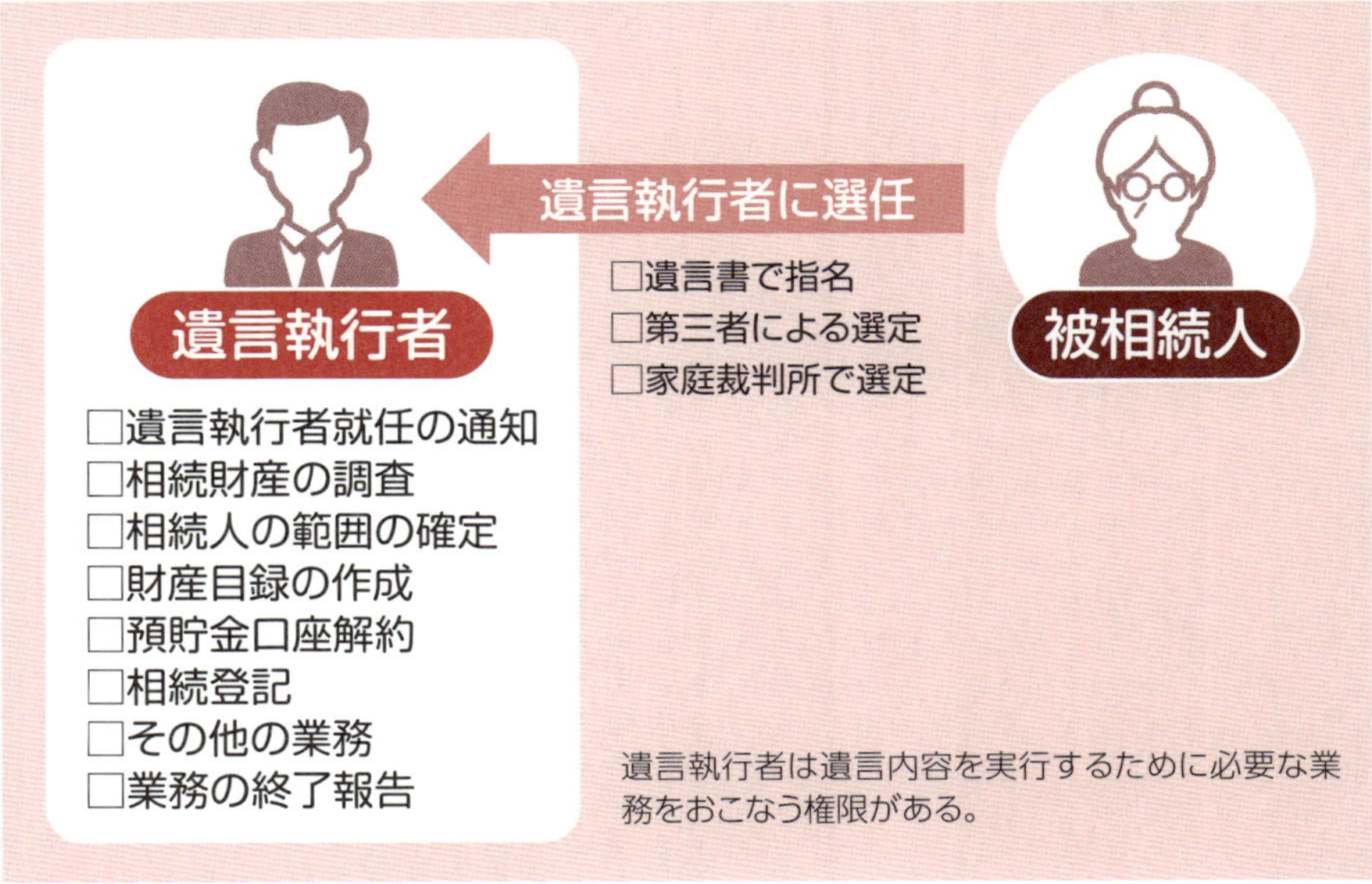

POINT 29

夫婦で住んでいた家に所有者亡きあと配偶者が住めるように

▼思い出の家で余生を過ごす

不動産は財産価値が高いので、不動産を配偶者が相続すると、子供などその他の相続人が相続する財産とバランスをとるのが難しくなることがあります。調整のために被相続人の現預金の多くをその他の相続人に渡してしまうと、配偶者の生活費が不足する可能性が生じます。

このようなことを是正するために「配偶者居住権」があります。これは、亡くなった人が所有していた建物に遺された配偶者が引き続き住むことができる権利です。

配偶者居住権を活用することで、配偶者は「居住権」を、他の相続人は「所有権」を得ることになります。これによって建物の財産価値も分散されるため、残りの現預金も、ある程度の額が配偶者に渡るようになりました。なお、所有権とは、売却したり、建て直したりなどを自由に行える権利です。

▼配偶者居住権を設定するには

次の要件を全て満たしていたら、配偶者居住権が認められます。

□配偶者が被相続人と法律上の配偶者である。

□配偶者が、被相続人が所有していた建物に、被相続人が亡くなったときに住んでいた。

□「遺産分割」「遺贈」「死因贈与」「家庭裁判所の審判」のいずれかで配偶者居住権を取得した。

配偶者居住権は生きている限り居住できる権利ですが、遺産分割協議や遺言で居住期間が決められたらその内容に従います。

▼配偶者居住権も相続税の対象

配偶者居住権が設定された不動産は家賃などを支払う必要はありませんが、**相続財産にあたるため課税対象となります。**

配偶者居住権を持つ配偶者と、建物の所有権を持つ他の相続人がそれぞれ相続税を納めます。固定資産税は所有者に納付義務がありますが、配偶者に請求することができます。

配偶者居住権の相続税評価額は、配偶者の年齢によって変わり、若いほど高くなります。

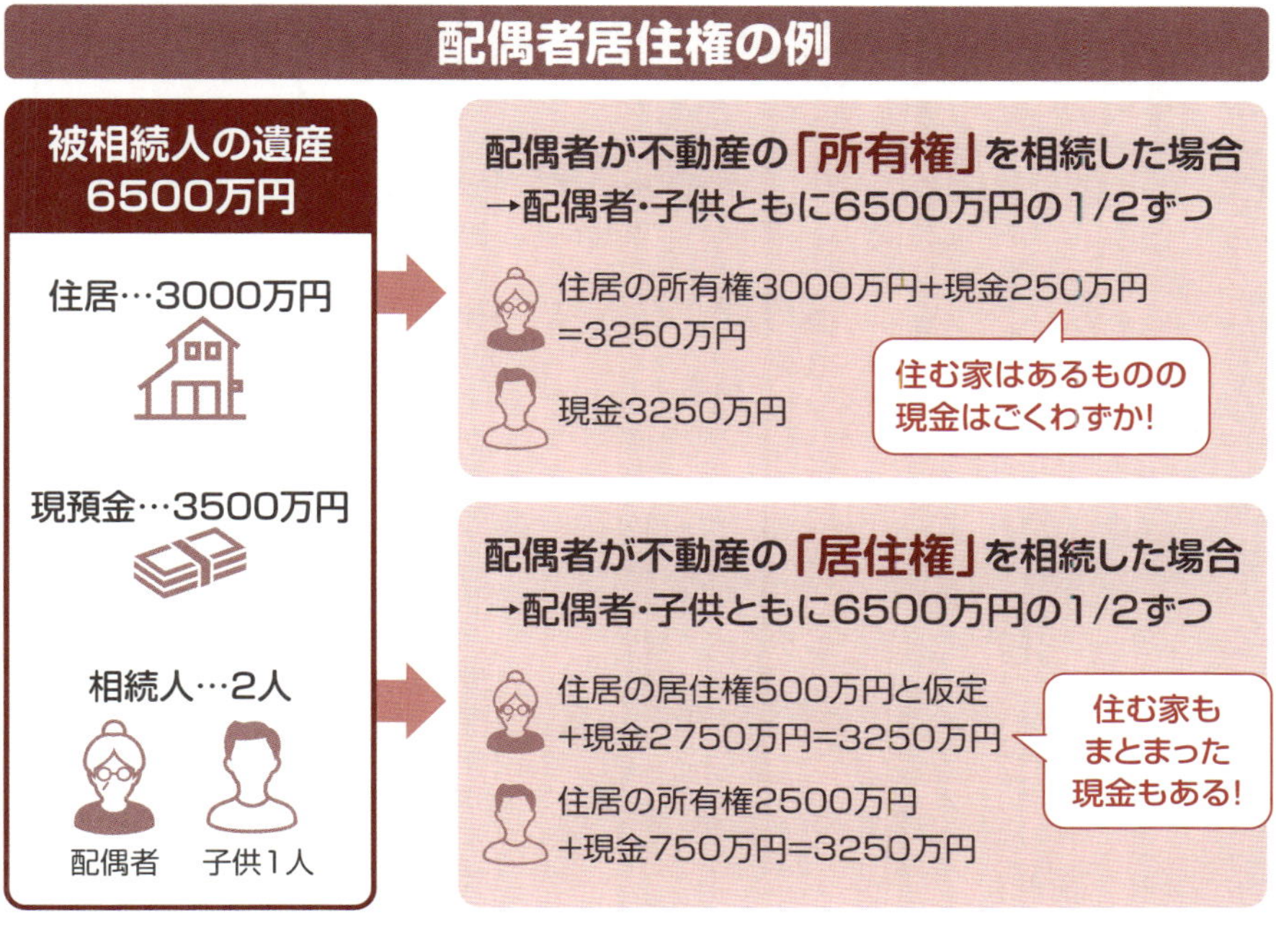

POINT 30

不動産の権利関係を明らかにしておきましょう

「登記簿」と「権利書」のちがい

土地や建物の所在、面積、所有者などを法務局で登録する手続きを「不動産登記」といいます。

不動産登記には、借入金額、その借入先も記されています。住宅ローンを組んで購入した不動産には金融機関が「抵当権」を設定しており、ローン返済ができなくなると金融機関は不動産を差し押さえることができます。

登記簿は法務局で管理・保管されていますが、土地の所有者が手元で保管しているのが「登記済権利証（権利書）」です。権利書は法務局から不動産の所有者に発行されるもので、不動産の売買、譲渡、抵当権の設定の際に必要となります。

二〇〇五年より、紙の権利書の代わりに数字とアルファベットを組み合わせた「登記識別情報」が使用されています。トラブル防止のため、不動産の情報（➡別冊9p）、権利書等の保管場所（➡別冊27p）はまとめておきましょう。

相続後は速やかに所有権を変更

土地・建物を相続した、または贈与されたら「相続登記」が必要となり、所有権が移ったことを明らかにしておきます。

相続登記は二〇二四年より義務化されており、相続の開始および所有権を取得したことを知った日から三年以内に名義変更の登記をしなくてはいけません。

借地権も相続の対象

住宅を建てるために他人の土地を借りる権利のことを「借地権」といいます。

土地の借地権も相続の対象です。「借地権者が亡くなったから土地を返すように」と地主に求められても拒否できます。

借地権を持っていた被相続人が亡くなったら、相続人は土地借地権を引き継ぐことになりますが、それについて地主の許可を得たり、新たに契約を結ぶ必要はありません。

とはいえ、相続によって土地借地権を引き継いだことは通知する必要があり、地主によっては承諾料や更新料を求められることもあります。

主な借地権の期間

	借地権の種類	期間の定め	存続期間	更新後の存続期間
旧法	堅固建物 (※1)	あり	30年以上	30年以上
旧法	堅固建物 (※1)	なし	60年	30年
旧法	非堅固建物 (※2)	あり	20年以上	20年以上
旧法	非堅固建物 (※2)	なし	30年	20年
新法	普通借地権	あり	30年以上	20年以上（2回目からは10年以上）
新法	普通借地権	なし	30年	20年（2回目からは10年）
新法	一般定期借地権 (※3)	あり	50年以上	更新なし。更地で返還。
新法	建物譲渡特約付借地権	―	30年以上	契約終了後建物買取

1992年8月1日に借地借家法が施行された以降に契約された借地権は新法に基づく借地権、以前に契約された借地権は旧法に基づく借地権が摘要される。

（※1）堅固建物：石造り、レンガ造り、鉄筋コンクリート造りなどの建物のこと。
（※2）非堅固建物：木造などの建物のこと。
（※3）定期借地権：更新がなく、契約期間になったら契約が終了する借地権。

POINT 31

不動産相続の揉めごとを防ぐ三つのポイントを押さえておきましょう

不動産の所有権を確認する

不動産は大きな財産ですが、それだけにトラブルになる危険をはらんでいます。不動産を所有しているのなら、「登記」（→本編80ｐ）と「遺言書」（→本編64～71ｐ）の準備は確実にしておきましょう。遺言書のベースとなるのが「登記」です。登記がきちんとおこなわれていれば遺言書の作成はスムーズでしょう。

注意が必要なのが、所有権の移転登記を済ませていないケースです。

例えば、祖父母の代から父母、そしてあなたと三代にわたって住んでいる住居で、祖父母・父母ともに故人であるにも関わらず、所有権が「祖父のまま」ということもあります。

祖父からあなたへ所有権をすぐに移転できる訳ではありません。まず、祖父の法定相続人の遺産分割協議を取りまとめなくてはいけないのです。

法定相続人が故人ならその相続の権利を引き継ぐ人を探しますが、祖父の死から遺産分割協議に至るまでの期間が長ければ長いほど、引き継ぐ人は増えていくことになります。

家族が相続を望むのか確認する

山林や地方の土地など、先祖から引き継いだものの使い道がない不動産をどうするかも考えておきましょう。

「先祖代々の土地だから」という理由に意義を感じ、遺された家族が維持管理の費用を引き受けるつもりがあるのか確認が必要です。

家族にとって負担感が大きいようなら、「相続土地国庫帰属制度」の利用を検討してもよいでしょう。この制度では相続や遺贈された土地の所有権を国にすることができる場合があります。

「相続土地国庫帰属制度」を利用するには

- □建物などが建っていない更地であること。
- □土壌汚染や埋設物がないこと。
- □崖がないこと。
- □権利関係で争いがないこと。
- □担保権等が設定されていないこと。
- □通路などで他人に使用されていないこと。

制度を利用するには10年分の管理費用を納める必要がある。

共有名義での相続は避ける

相続財産が不動産だけで他に預貯金などがないと、唯一の財産である不動産を、複数の相続人でどのように分けるかが問題になります。

不動産を売却して現金化し、現金として相続する換価分割（→本編58p）が一番シンプルな相続の方法です。

しかし、「近辺の開発が進むらしい」「大型ショッピングモールができると聞いた」「とにかく不動産は売らないほうがよい」など、将来的な価値の上昇を期待して売却に積極的になれないことはよくあります。

相続人同士が話し合った結果、「一番平等だから」という理由で不動産を売却せずに「共有名義」（共有分割（→本編58ｐ））にすることを選ぶケースがありますが、これはあまりおすすめできません。

不動産を複数で所有すると、権利関係が複雑になってしまいます。不動産の売却やリフォームをするときは他の共有者全員の、賃貸に出す場合は三分の一の同意が必要です。

さらに、共有者の一人が亡くなって、その子供達が共有部分を相続することになると、共有者がどんどん増え、権利関係はより複雑化します。

不動産という大きな財産が厄介ごとの種にならないよう、その後の不動産の扱いについて家族と話し合い、意向を聞いておきましょう。

不動産を共有名義にすると権利者が増える

残された不動産を、長男、次男、長女が1/3ずつの共有名義にした。長男が亡くなって、長男の持分をその妻と子供達で分けたので、共有者が3人増えた。

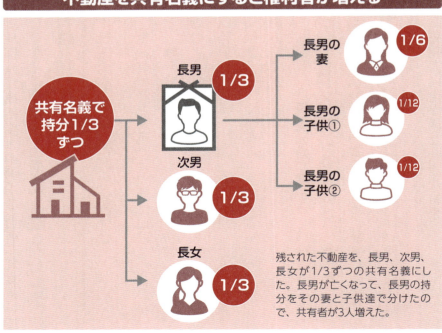

第3章

節税に必要な正しい知識を整理しましょう

相続税・贈与税の基礎知識

知らないと損をする!? 相続税と贈与税の基本を押さえましょう

☑自分も相続人も損をしないように

今、手元にある財産は、あなたの人生の軌跡といってもよいでしょう。

努力と汗の結晶である財産を、大事な配偶者や子供達に少しでも多く遺したいという気持ちがあるはずです。

長年連れ添った配偶者がゆとりある老後を過ごすのか、不安な日々を送るのかは懐具合で大きく変わってきます。

そこで理解を深めておきたいのが「相続税」と「贈与税」の仕組みです。

納税は国民の義務ですが、知らないと思わぬ損

をしてしまうことがあるのです。

☑複雑な相続税・贈与税

相続人が納税で苦労しないように相続税はなるべく減らしておきたいところです。

相続税は受け継いだ財産に比例して大きくなりますから、相続税を減らしたいなら手元の財産を減らすことです。

手元から減らせばよいといってもパーッと散財する訳ではありません。元気なうちに配偶者や子供達に「贈与」することで、手元の財産を減らしつつ、大事な相手に「贈る」ことができるのです。ただし、贈与は額によっては「贈与税」がかかってしまいます。このように、こと税金に関することは一筋縄ではいきません。

相続税や贈与税の仕組みを理解して、相続人達が安心できるよう適切な相続・贈与をしましょう。

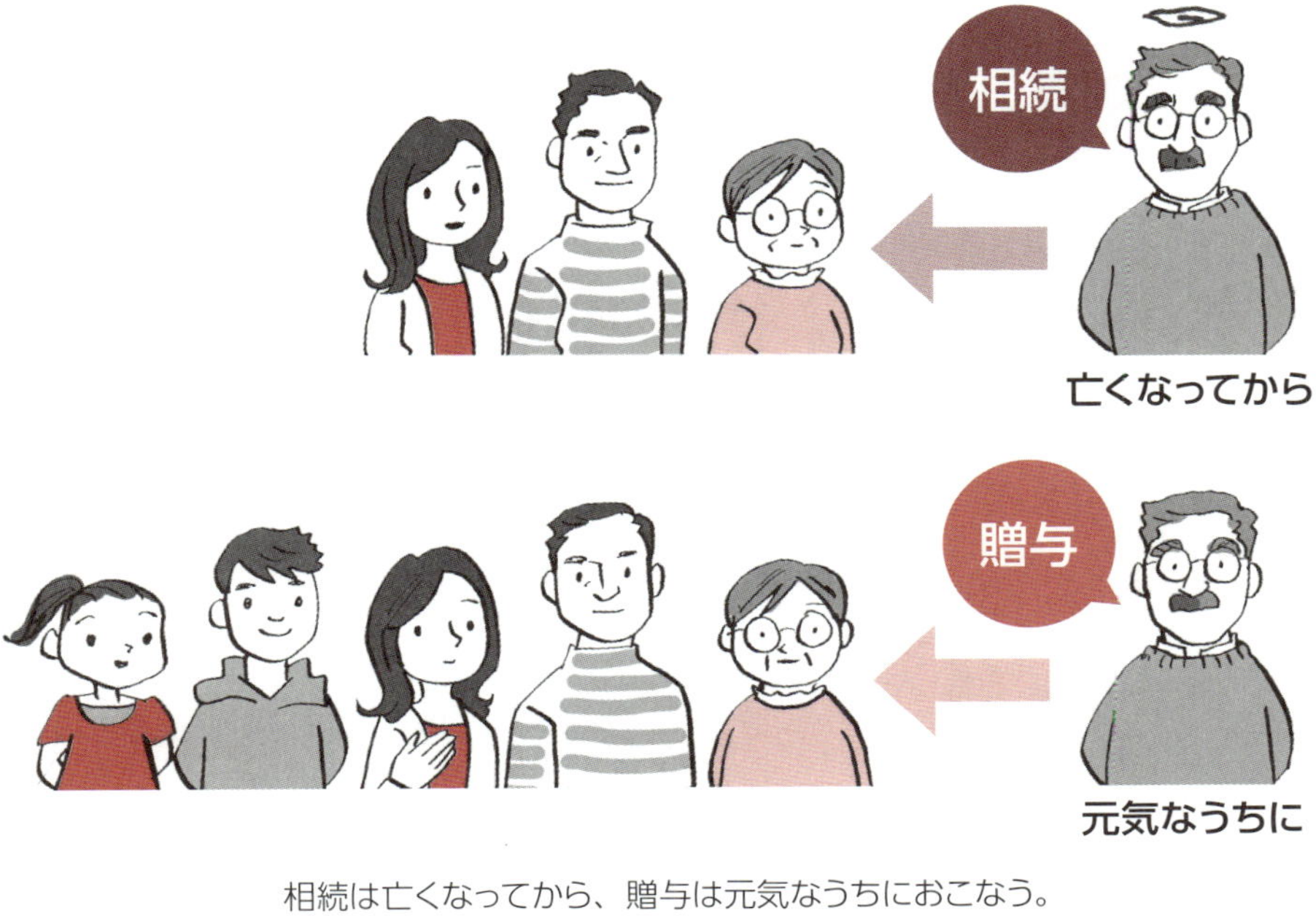

相続は亡くなってから、贈与は元気なうちにおこなう。

POINT 32

相続税がどれぐらいになるのか把握しておきましょう

相続税に備える

引き継いだ財産の額に応じて、相続人は「相続税」を納めることになるので、相応の「現金」の準備が必要です。財産を遺すのなら、相続税についても気にしておきましょう。

相続税の計算は、何段階かに分けておこないます。まず財産の総額を出しましょう。別冊の2〜9pでまとめた内容があればスムーズです。

最初に「課税遺産総額」を出す

「課税遺産総額」は次の手順で出します。

STEP 1 遺産総額を出す

プラスの財産全てを合計。「相続時精算課税（↓本編118p）」「みなし相続財産（↓本編116）」があるのならそれも加える。

STEP 2 純遺産額を出す

負債も財産のひとつ（↓本編18p）のため遺産総額から除く。同様に葬式費用なども除く。

STEP 3 正味の遺産額を出す

反対にプラスする財産もある。それが、相続開始前七年以内に相続人に贈与した「贈与財産」。

STEP 4 基礎控除額を出す

「三〇〇〇万円＋（六〇〇万円×法定相続人の数）」が基礎控除額になる。

STEP 5 課税遺産総額を出す

【1】「課税遺産総額」の出し方

STEP1 遺産総額を出す

「相続時精算課税」や「みなし相続財産」も含む。

遺産総額 （➔別冊 2～9p）

STEP2 純遺産額を出す

純遺産額	非課税財産	葬式費用	債務

- 葬式費用は差し引ける
- 借入金、未払金、未納の税金など
- 非課税財産：
  - ●寄付、公益事業用の財産、墓地・墓石、仏壇、仏像など。
  - ●生命保険のうち「500 万円 × 法定相続人の数」の額まで。

STEP3 正味の遺産額を出す

遺産額 ＋ 相続開始前7年※以内の贈与財産 ＝ 正味の遺産額

※2023年以前に実施されたものは3年。2024年以降、4～7年間分のものから100万円控除できる。

STEP4 基礎控除額を出す

基礎控除額　3000 万円 ＋（600 万円 × 法定相続人の数）

STEP5 課税遺産総額を出す

基礎控除額	課税遺産総額

課税遺産総額：相続人全員に渡る遺産の合計。これを相続人ごとの相続割合で按分していく。

正味の遺産額から基礎控除額を引く。

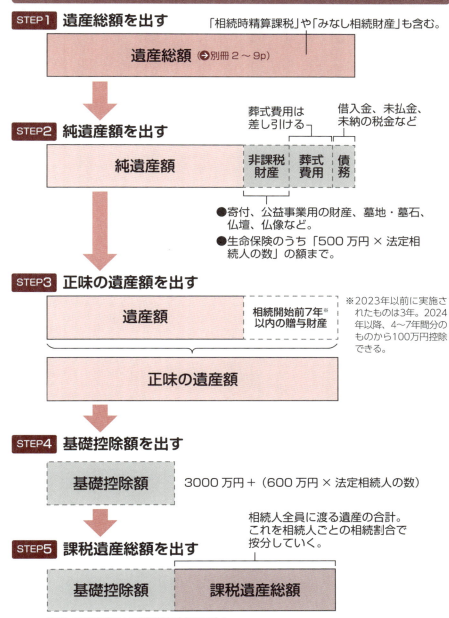

正味の遺産額から基礎控除を引くと、課税遺産総額が分かる。

課税遺産総額から相続税を計算

各相続人の相続税額は次のように計算します。

STEP 1 各相続人の法定相続額を出す

法定相続人ごとに相続割合が決まっている。課税遺産総額に法定相続割合を掛けた分が、その相続人の法定相続額。

STEP 2 各相続人の法定相続税額を出す

STEP1の各法定相続額を相続税の速算表にあてはめて、それぞれの法定相続税額を出す。

STEP 3 相続税の総額を出す

STEP2で出した各相続人の法定相続税額を合計。

STEP 4 相続税の総額を実際の相続割合で按分

相続税の合計を実際に相続する割合で按分した額が、各自が負担する相続税額。

STEP 5 実際に納める税金を出す

配偶者控除などの控除額をSTEP4の額から引いたものが、実際に納める額。

一次相続が軽いと二次相続が重くなる

次のいずれかの場合、「配偶者控除」を受けることができ、相続税を納める必要はありません。

①配偶者が相続した財産の額が法定相続分以下。

②法定相続分以上相続した場合でも相続した額が一億六〇〇〇万円まで。

一見お得な配偶者控除ですが、一次相続で相続税をゼロにできても、配偶者が亡くなったときに発生する二次相続では相続税が圧縮できず大きな負担となってしまいます。相続対策では、一次相続だけでなく二次相続まで考慮しましょう。

【2】相続税の計算例

前提
- 正味の遺産額…2億円　●相続人…配偶者、子供2人
- 基礎控除額…3000万円+(600万円×3)=4800万円
- 相続割合…配偶者3/5、子供1/5ずつ
- 課税遺産総額(89pの【1】のSTEP 5)
  …2億円(正味の遺産総額)−4800万円(基礎控除額)=1億5200万円

STEP1 各相続人の法定相続額を出す

課税遺産総額×各自の法定相続割合

配偶者	子①	子②
1億5200万円×1/2 =7600万円	1億5200万円×1/4 =3800万円	1億5200万円×1/4 =3800万円

（1/2、1/4…法定相続割合）

STEP2 各相続人の法定相続税額を出す（速算表にあてはめる）

配偶者	子①②それぞれ
7600万円×30%−700万円=1580万円	3800万円×20%−200万円=560万円

STEP3 相続税の総額を出す

配偶者 1580万円 + 子① 560万円 + 子② 560万円

=相続税の総額2700万円

相続税の速算表

法定相続分に応ずる取得金額	税率	控除額
1000万円以下	10%	―
1000万円超～3000万円以下	15%	50万円
3000万円超～5000万円以下	20%	200万円
5000万円超～1億円以下	30%	700万円
1億円超～2億円以下	40%	1700万円
2億円超～3億円以下	45%	2700万円
3億円超～6億円以下	50%	4200万円
6億円超～	55%	7200万円

（子①②→3000万円超～5000万円以下、配偶者→5000万円超～1億円以下）

速算表にあてはめて計算を進める。

STEP4 相続税の総額を相続割合で按分

配偶者	子①	子②
2700万円×3/5 =1620万円	2700万円×1/5 =540万円	2700万円×1/5 =540万円

STEP5 実際に納める税金を出す

配偶者（1620万円）	子①（540万円）	子②（540万円）
↓ 0円	↓ 540万円	↓ 540万円

配偶者控除を利用

税引後の受取額は配偶者9120万円（=1億5200万円×3/5−0）、子供2500万円（=1億5200万円×1/5−540万円）ずつ。

POINT 33

自宅（戸建て）の評価額を知っておきましょう

土地・家屋に分けて計算

前節で説明したように、相続税を計算するためには、現金、預貯金、そして不動産など全ての相続財産の合計額を出す必要があり、不動産はその「評価額」を加えることになります。

自宅を遺す場合は、不動産評価額は「土地」と「家屋」に分けて出します。

「家屋」の評価額は相続時の固定資産税評価額と同じです。固定資産税評価額は、毎年六月頃に届く固定資産税の納税通知書で確認できます。

「土地」の評価額は路線価があるなら「路線価方式」で、ないなら「倍率方式」で計算します。

路線価の有無で計算が変わる

路線価とは国税庁が毎年夏に公表するもので、その年の一月一日時点における主要な道路に面した一平方メートルあたりの土地価格のことです。

路線価は、相続税や贈与税の計算の際に用いられます。土地が変則的な形をしている場合は、路線価に補正率をかけて調整をします。

全ての土地に路線価がある訳ではありません。路線価が定められていない土地の評価額は、固定資産税評価額に評価倍率を掛けて出します。

路線価も評価倍率も国税庁のホームページで確認できます。

借りた土地にも評価額が必要

土地を借りていると「借地権」を持っていることになり、借地権も相続財産の対象となります。

借地権は土地の評価額を元に計算します。借地の評価額の算出で必要な「借地権割合」は地域によって異なります。国税庁のホームページで確認しましょう。

土地の評価額の出し方

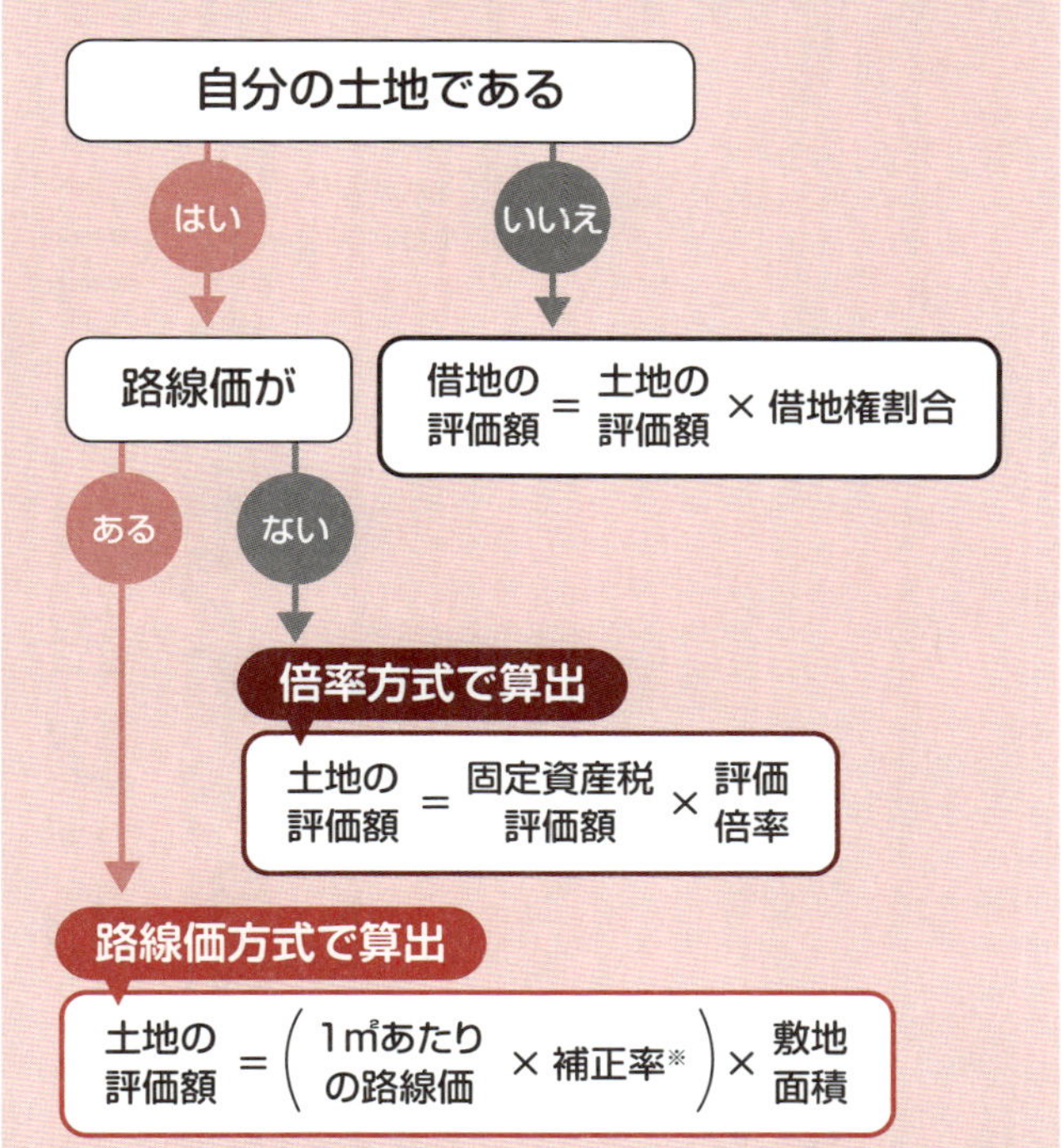

（※）補正率：道路からの距離や、いびつな形の土地など、土地の価格に影響する事柄を調整するもの。

Column

土地の評価額は複数ある

同じ土地であっても、その価格は評価方法によって異なります。市区町村が決める「固定資産税評価額」、路線価方式で計算する「相続税評価額」、国土交通省が決める「公示価格」、実際に土地を売買するときの「実勢価格」です。実勢価格は売手と買手の納得のうえで決められます。

これらの価格は同一ではなく、固定資産税評価額→相続税評価額→公示価格→実勢価格の順に高くなっていきます。

POINT 34

自宅（マンション）の評価額を知っておきましょう

マンション全体の土地の評価額を出す

マンションの場合も、戸建てと同様に「土地」と「家屋」に分けて評価額を出します。最初に「マンション全体」の土地の評価額を算出しましょう。

土地の評価額の出し方は戸建てと同じです。路線価があるなら「路線価方式」で、ないなら「倍率方式」で算出します。

建物の評価額も基本は戸建てと同じで、マンションの場合も「建物の評価額＝固定資産税評価額」となります。固定資産税の納付書は保管しておきましょう。

持分の評価額を出す

マンション全体の土地の評価額に「敷地権の割合」と「区分所有補正率（→次ページ）」を掛けると、自分の「敷地権」の価額が出ます。

自分の「敷地権」はマンション全体の敷地のうち、自分の持分にあたる部分の権利です。「敷地権の割合」とは、その持分の割合のことで、登記簿で確認することができます。

建物にも「区分所有補正率」をかけます。

最後に建物の評価額と敷地権額の合計が、相続時の財産に加えるマンションの評価額になります。

マンションの評価額の出し方

建物の評価額

固定資産税評価額
×
区分所有補正率

＋

敷地権（土地）

マンション全体の土地の評価額
×
敷地権の割合
×
区分所有補正率

＝

マンションの評価額

Column

「区分所有補正率」が誕生した背景

マンションは、土地部分に関する評価額（敷地権の価額）はマンンション全体の土地の評価額がベースとなります。そのため、タワーマンションのような高層マンションの評価額が実情にそぐわない点が問題となっていました。タワーマンションはフロアーが多く部屋数も多いため、評価額が低くなってしまうのです。また、敷地権は面積で算出され、何階にある部屋かどうかは勘案されていません。例えば、1億円が取引相場の30階の部屋も、5000万円が相場の5階の部屋も、同じ面積ならば同じ評価額となってしまいます。

これらの仕組みを利用した節税対策が問題となり、2024年に法改正がありました。それが区分所有補正率で、総階数や居住階、築年数などを元に算出されます。詳細は国税庁のホームページを見てみましょう。

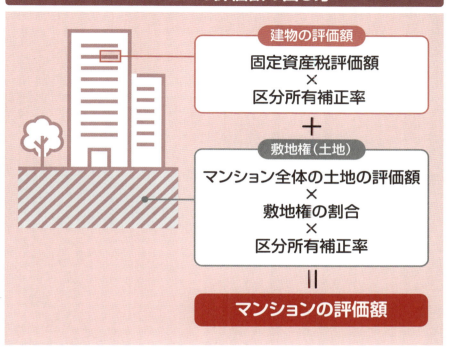

POINT 35

「小規模宅地等の特例」で土地の評価額が下げられるかもしれません

評価額が八割減

土地の評価額が大きいと引き継いだ家族は相続税の納付で苦労します。せっかくの土地を売却して納税資金にあてるような事態は非常に残念です。ただし、所有している土地が「小規模宅地等の特例」の要件を満たすようなら、土地の評価額を最大で八割も減らすことができます。

例えば、評価額が四〇〇〇万円の土地でも、制度を利用できれば最大で八割減の八〇〇万円になるのですから相続税の負担は相当軽くなります。

「小規模宅地等の特例」は**「特定居住用宅地等」「特定事業用宅地等・特定同族会社事業用宅地等」「貸付事業用宅地等」**の土地が対象となっています。対象によって面積の上限や減額される割合が決まっています。

特例を利用したら申告が必要

相続税が基礎控除の範囲に収まっていれば相続税の申告をする必要はありませんし、もちろん納税も不要です。

「小規模宅地等の特例」を利用して土地の評価額が低くなった結果、相続税がゼロになることもあるでしょう。しかし、「小規模宅地等の特例」を利用した場合は、相続税がゼロであっても申告をする必要があります。

「小規模宅地等の特例」の要件

相続する宅地等（※1）の種類		減額される面積の上限	減額される割合
事業で使っていた宅地等	貸付事業（※2）以外の事業用の宅地等	400㎡	80%
	貸付事業用の宅地等	200㎡ または400㎡	50% または80%
被相続人が住んでいた宅地等		330㎡	80%

（※1）宅地等：建物などが建っている土地または土地の権利。
（※2）貸付事業：マンション・アパート、駐車場・駐輪場などを貸して収入を得ていること。

自分名義の住宅を次の親族に相続させるとき、
①配偶者が相続する。②同居していた親族が相続した土地に住み続ける。
③別居していたが生計が一緒（同じ財布で生活）だった親族が相続した土地に住み続ける。
特例を利用する際の要件は細かく決められている。評価額の計算方法も複雑なので、専門家に相談して進めると安心。

「小規模宅地等の特例」で住居と会社の相続がスムーズに

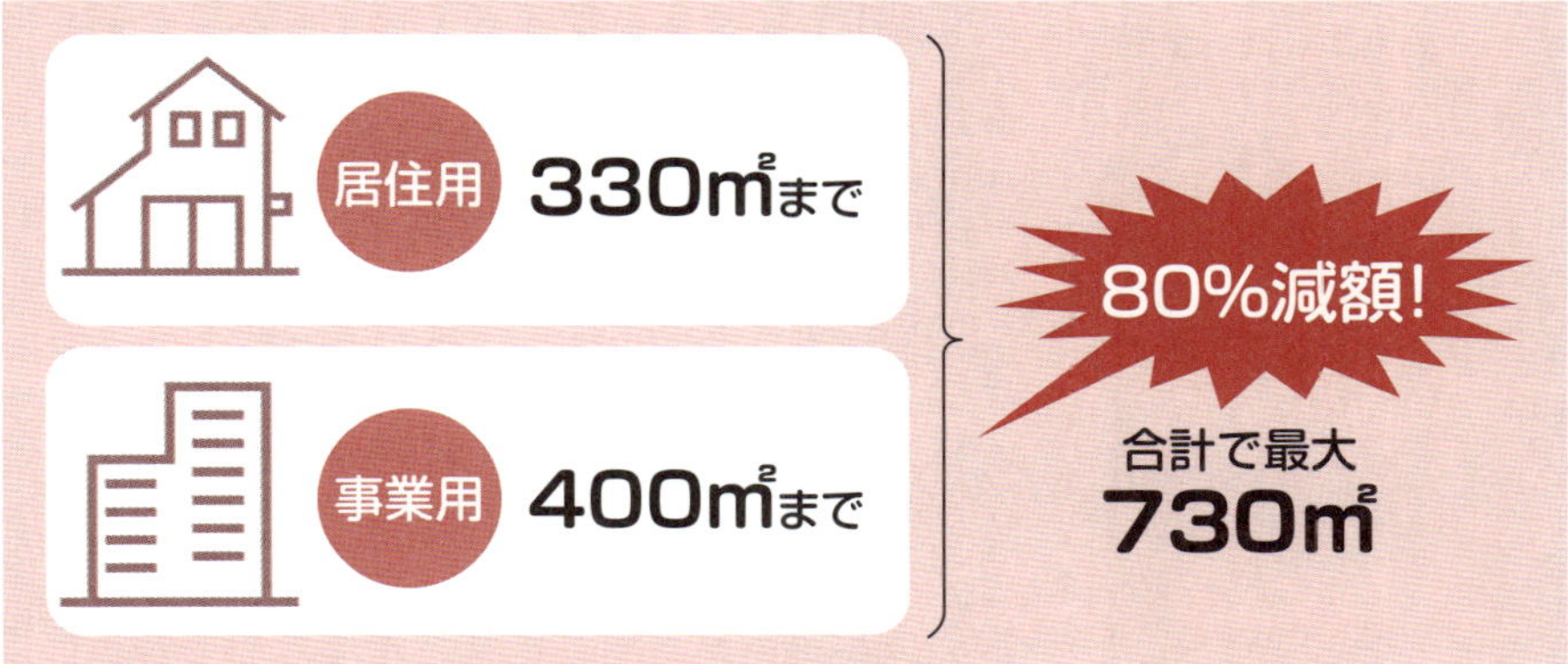

オーナー会社の社長が自宅と別に事業用の土地・建物を個人として所有している場合。

POINT 36

財産を相続する？　贈与する？　特例が使えるなら贈与を検討しましょう

▼贈与は計画的に進められる

相続税は亡くなったあとに発生する税金。財産を引き継いだ人が払う税金です。財産をどのような形で遺すのか、誰に遺すのかを検討することは大事なことですが、相続がいつ発生するかは予測できません。

「贈与税」も財産をもらい受けた側が税金を負担する点は相続税と同じです。

ただ、いつ発生するか分からない相続とちがい、生きているうちにおこなう（生前贈与）ので、贈与する方・される方が相談して計画的に進めることができます。

▼自由度の高さも贈与のメリット

相続税と贈与税の控除額や税率を比較してみると、相続税のほうがお得に見えます。

相続税は、引き継いだ財産に一括で課税されるので、納税者の負担は大きくなります。負担を軽減するため、相続税は贈与税よりも低い税率になっているのです。

ただし、**特例を利用できるなら、「贈与税が損」とは一概にはいえません。**

贈与税の特例には次のものがあります。

□贈与税の配偶者控除（→本編102ｐ）
□住宅取得等資金の贈与（→本編104ｐ）

□教育資金の一括贈与、結婚・子育て資金の一括贈与（→本編106p）

相続では法定相続人や遺言で指名した相手にしか財産を遺せませんが、生前贈与であれば自由に相手を選ぶことができます。

▼生前贈与が相続税の節税になることも

相続税と贈与税のどちらが家族にとってメリットになるか判断に難しいところですが、どちらかひとつだけを選択する必要はありません。

数年に分けて財産を贈与していると、いざ相続が発生したときには、財産を減らせているはずです。相続で引き継ぐ財産が減っていれば、結果的に相続税の節税につながります。

相続税と贈与税を速算表で比較

<table>
<tr><th colspan="2">相続税</th><th rowspan="3">財産額</th><th colspan="4">贈与税</th></tr>
<tr><th rowspan="2">税率</th><th rowspan="2">控除額</th><th colspan="2">一般税率</th><th colspan="2">特例税率</th></tr>
<tr><th>税率</th><th>控除額</th><th>税率</th><th>控除額</th></tr>
<tr><td rowspan="5">10%</td><td rowspan="5">ー</td><td>200万円以下</td><td>10%</td><td>ー</td><td>10%</td><td>ー</td></tr>
<tr><td>300万円以下</td><td>15%</td><td>10万円</td><td rowspan="2">15%</td><td rowspan="2">10万円</td></tr>
<tr><td>400万円以下</td><td>20%</td><td>25万円</td></tr>
<tr><td>600万円以下</td><td>30%</td><td>65万円</td><td>20%</td><td>30万円</td></tr>
<tr><td>1000万円以下</td><td>40%</td><td>125万円</td><td>30%</td><td>90万円</td></tr>
<tr><td rowspan="2">15%</td><td rowspan="2">50万円</td><td>1500万円以下</td><td>45%</td><td>175万円</td><td>40%</td><td>190万円</td></tr>
<tr><td>3000万円以下</td><td>50%</td><td>250万円</td><td>45%</td><td>265万円</td></tr>
<tr><td rowspan="2">20%</td><td rowspan="2">200万円</td><td>4500万円以下</td><td rowspan="7">55%</td><td rowspan="7">400万円</td><td>50%</td><td>415万円</td></tr>
<tr><td>5000万円以下</td><td rowspan="6">55%</td><td rowspan="6">640万円</td></tr>
<tr><td>30%</td><td>700万円</td><td>1億円以下</td></tr>
<tr><td>40%</td><td>1700万円</td><td>2億円以下</td></tr>
<tr><td>45%</td><td>2700万円</td><td>3億円以下</td></tr>
<tr><td>50%</td><td>4200万円</td><td>6億円以下</td></tr>
<tr><td>55%</td><td>7200万円</td><td>6億円超</td></tr>
</table>

贈与税の特例税率は贈与を受ける人（子・孫）が18歳以上（成人）であること。

POINT 37

ここに注意！ 生前贈与のやりがちな失敗ポイント

贈与でサプライズはダメ

「子供への最後のプレゼントにしたいから」と、子供に黙って子供名義の口座を開き、毎年、お金を振り込んでいたとします。

相続が発生したあと遺品の片付けをしていた子供が自分名義の通帳を発見！ 親の愛情を改めて感じ、親への感謝の念を強くする……とはいかない可能性があります。

贈与する人（贈与者）と受け取る人（受贈者）がお互いに贈与について了解していることが「生前贈与」の条件のひとつなのです。

受贈者が認識していなかった「贈与」は生前贈与とみなされず、相続財産となってしまいます。

もしも通帳の発見が相続手続きを全て終わらせたあとだったら、相続手続きのやり直しが必要となり、余計な手間をかけられた子供は感謝どころではないでしょう。

こうした事態を避けるために、贈与者と受贈者が贈与に対する共通認識を持っておく必要があります。印鑑や通帳は受贈者が管理することが基本です。

贈与から七年以内に亡くなったら相続扱い

生前贈与は余裕をもっておこないましょう。

大きな病気が見つかってから慌てて贈与を始め

ても、その翌年や数年後に相続が発生したとしたら贈与とは認められません。

相続発生の七年以内の贈与は、相続税を減らすことが目的とみなされてしまい、ほとんどが相続財産として加算されてしまうのです（↓本編108P）。

▼時期・金額に規則を設けない

贈与税の基礎控除は一一〇万円になっています。つまり、一年間に一一〇万円以内の贈与であれば、贈与税はかかりません。しかし、死亡日以前七年間の贈与は、基礎控除の一一〇万円以下でも相続税の対象となってしまいます（二〇二四年より）。ただし、相続をしない孫への贈与は、基礎控除以内なら贈与税も相続税も非課税です。

「忘れないように」と子供の誕生日に毎年一一〇万円を贈与していると「定期贈与」とみなされ、贈与額の合計額に対して贈与税が課されてしまうことがあります。

「定期贈与」とは、例えば五五〇万円の一括贈与の契約をし、それを毎年贈与しているという考え方で、そうとらえられると贈与税がかかります。

失敗する「生前贈与」

失敗1
受贈者が
贈与のことを
知らない

失敗2
贈与から
七年以内に
相続発生

失敗3
時期・金額を同じにすると
「定期贈与」とみなされる

生前贈与は元気なうちに感謝の気持ちを伝える方策のひとつ。
失敗のないようにしたい。

POINT 38

「贈与税の配偶者控除」で節税しつつ老後の住まいをキープ

分亡き後の配偶者の住まいへの憂いを軽くする制度といえるでしょう。

「居住用不動産」を妻に贈与した夫が亡くなったら、住居の名義の全部、または一部が妻のものとなっているので、住居は相続財産とはなりません。遺産分割の対象外であり、もちろん相続税もかからないのです。

一方で、「贈与税の配偶者控除」を利用すると「小規模宅地等の特例」（→本編96p）が使えなくなります。また、そもそも配偶者は相続税の控除額も大きくなっています（→本編90p）。

これらを総合的に考えてこの制度を使うかどうかを決めましょう。

▼年間二一一〇万円まで贈与税なし

「贈与税の配偶者控除」は、「居住用不動産」か「居住用不動産の購入資金」を夫婦間で贈与する場合は、二〇〇〇万円まで贈与税がかからないという制度です。

贈与税には年間一一〇万円の基礎控除がありますから、それと合わせると一年で二一一〇万円まで贈与税なしで贈与が可能ということになります。

▼相続税の節税効果も期待できる

「贈与税の配偶者控除」には「おしどり控除」の別名があります。非課税枠を活用しながら、自

「贈与税の配偶者控除」の要件

- □婚姻期間が20年以上。
- □国内の居住用の土地や建物の贈与、または取得するための金銭の贈与。
- □贈与を受けた翌年3月15日まで居住用として使用している土地や家屋。または贈与を受けた翌年3月15日までに取得する土地や家屋。
- □贈与の翌年3月15日以降も住む。
- □同じ配偶者から「贈与税の配偶者控除」を受けたことがない。

「贈与税の配偶者控除」は同じ配偶者からは1回しか受けられない。

贈与税額の比較

前提　夫から妻へ居住用不動産を取得するために2110万円を
①一般贈与　②贈与税の配偶者控除
した場合の計算例

①一般贈与

［基礎控除］110 万円　［税率］50%
［控除額］250 万円（99p「相続税と贈与税を速算表で比較 」表の「3000 万円以下」の税率・控除額）

計算
2110万円 − 110万円 = 2000万円
2000万円 × 50% − 250万円 = **750万円** ← 贈与税額
2110万円 − 750万円 = **1360万円** ← 手元に残る額

②贈与税の配偶者控除

［基礎控除］110 万円　［控除額］2000 万円

計算
2110万円 − 110万円 = 2000万円
2000万円 − 2000万円 = **0円** ← 贈与税額
2110万円 − 0円 = **2110万円** ← 手元に残る額

「贈与税の配偶者控除」は贈与税を低く抑えられる。税務署に申告をしないと通常の贈与とみなされるので注意。

POINT 39

住宅取得等資金の贈与の特例は贈与のタイミングで成否が分かれます

住宅資金の一部を支援する

「住宅取得等資金の贈与の特例」を利用すると、住宅を購入・新築・増改築するために両親や祖父母が援助した資金に対して、贈与税が課されることがありません。一般的な贈与では一一〇万円を超えると贈与税がかかりますが、**特例を使うと最大一〇〇〇万円まで非課税**となるのです。

「一般的な住宅」の場合は五〇〇万円までが非課税になり、耐震や省エネなどが施された「質の高い住宅」の場合は一〇〇〇万円までが非課税になります。

タイミング次第で特例が受けられない

特例を使うためには、贈与のタイミングが重要です。新居に居住を開始したあとに贈与をすると、この特例は使えません。

だからといって早めに贈与するのも危険です。**特例を受ける条件のひとつに「翌年の三月一五日までに物件の引き渡しを受ける」**とあります。万が一、工期延長などで引き渡しが三月一五日以降になると特例が受けられないのです。

ちなみに、夫婦がそれぞれの親から贈与を受けて共有で住居を購入するのなら、それぞれ一〇〇〇万円、合計二〇〇〇万円が非課税です。

「住宅取得等資金の贈与の特例」の失敗ポイント

失敗	解決策
居住後に贈与を受けて失敗	居住前に贈与する
期限を過ぎて入居して失敗	入居期限は翌年3月15日。それ以降の入居になるなら贈与のタイミングを遅らせる
工期が延びて入居が翌年3月15日以降になって失敗	特例が使えるのはその年の1月1日から12月31日までの贈与。年末の贈与は避けるようにする。
特例を受けるための申告に不備があって失敗	戸籍謄本、源泉徴収票、売買契約書の写し、登記事項証明書などを揃えて贈与の翌年の3月15日までに申告する必要がある。余裕をもって書類の準備を。
土地だけを購入して失敗	土地だけでは特例の対象外。建物も建てること。
新居の家具や家電、引っ越し費用の贈与を受けて失敗	住宅取得等資金の贈与の特例の対象外。基礎控除の110万円を超える分の贈与税を納める。

特例を利用するためにはタイミングに注意。

POINT 40

教育資金、結婚・子育て資金の一括贈与なら使い道を限定できます

教育資金の一括贈与

子や孫の教育資金は受贈者一人につき一五〇〇万円まで非課税になるのが教育費の一括贈与です。

利用する場合には**金融機関に教育資金用の口座を開設し、金融機関経由で制度の適用を受けることを税務署に申告する必要があります。**

また、金融機関から払い出しをする場合は、教育資金に使ったことを証明するために領収書などを提出しなくてはいけません。

また、受贈者は「三〇歳未満の子・孫」となっているため、三〇歳までに使い切れず口座に残額があると贈与税がかかってしまいます。

結婚・子育て資金の一括贈与

結婚・子育て資金にも一括贈与があります。こちらは二〇歳以上五〇歳未満の子・孫が対象で、一〇〇〇万円までが非課税です。

金融機関に口座を開設、金融機関経由で税務署に申告、期限までに使い切れなかった分に贈与税がかかる点など、教育資金の一括贈与と共通です。

明確な目的のもと贈与ができる

教育資金や結婚・子育て資金を一括で贈与すると、その目的以外に使うことは許されません。

また、受贈者には年齢の上限がありますが、そ

の年齢に達する前に贈与者が亡くなったら、残金には相続税がかかります。

口座開設や領収書等の提出など、一括贈与は決まりごとも多くなかなか使い勝手が悪いと感じるかもしれません。

一方、入学金や披露宴の費用など、実際にかかった額を随時贈与した場合、受贈者が全額使い切れば贈与税は原則、非課税です。

随時贈与が非課税ならば、それで事足りる方もいるでしょう。

では、わざわざ手間をかけて教育資金や結婚・子育て費用を一括贈与するメリットは、どのような点にあるのでしょうか？

一括贈与のメリットは、**贈与する祖父母や親が元気なうちに、目的を明確にして資金を渡すことができるところです。**

「教育資金の一括贈与」の仕組み

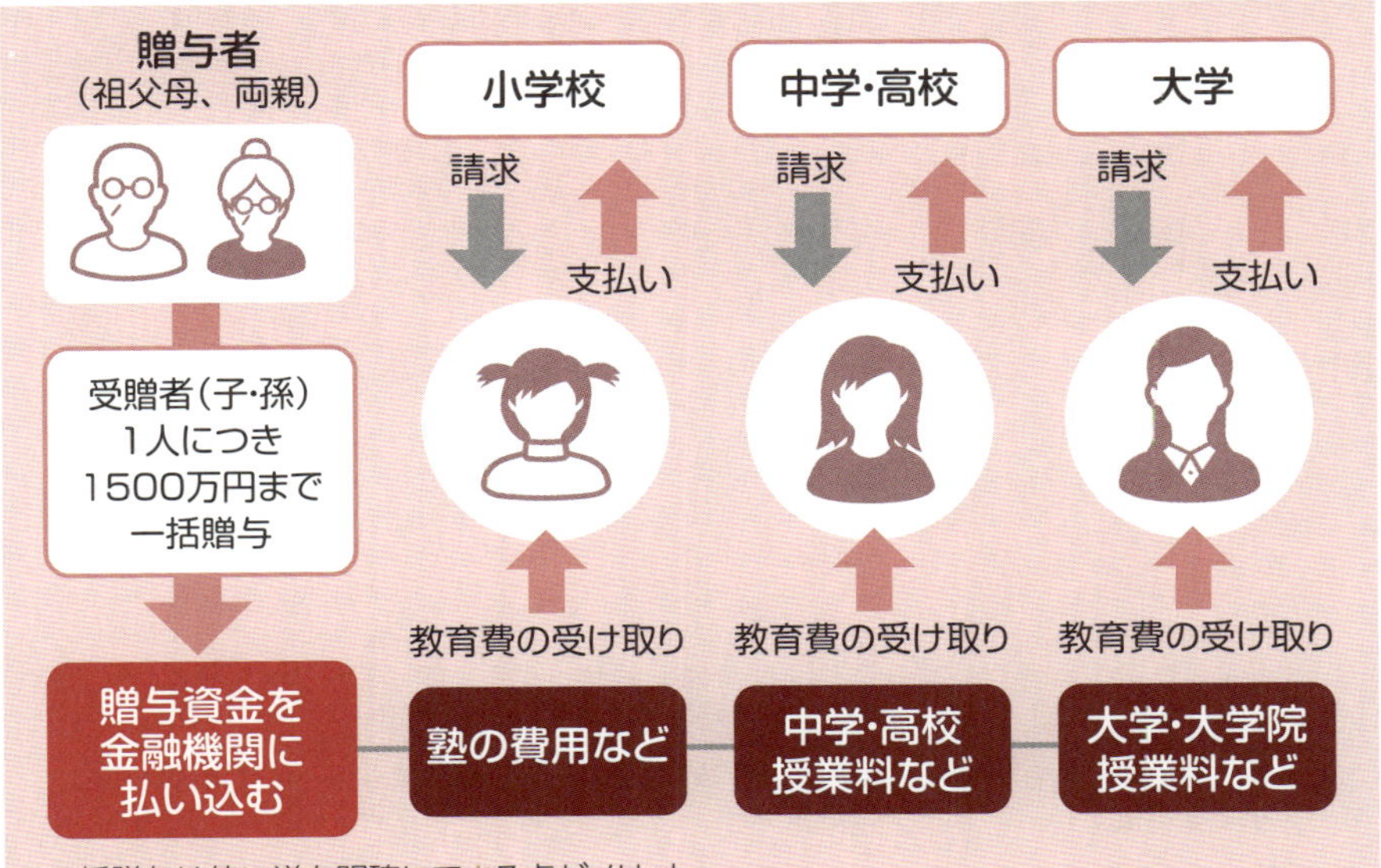

一括贈与は使い道を明確にできる点がメリット。

POINT 41

「暦年贈与」は七年以上必要ですが孫へなら毎年非課税で財産を移せます

受け取る額は合計一一〇万円

暦年（一月一日〜一二月三一日の一年間）の贈与額が一一〇万円以下であれば贈与税はかかりません。受贈者は贈与税を納める必要がないのです。

また、受贈者の人数や年数に制限はないので、複数の子供にそれぞれに毎年一一〇万円以下を贈与できます。一方、一人の子が両親それぞれから一一〇万円を受け取ってしまうと二二〇万円の贈与となり、贈与税の納税が必要になります。

また、法定相続人への贈与は、一部を除き、**相続が発生した7年前から贈与した金額が相続財産になってしまいます**（↓次ページ図）。

一方で、**孫は法定相続人ではないため、毎年一一〇万円までは贈与税や相続税の対象外です。**

暦年贈与を進めるポイント

税務署から指摘を受けずに暦年贈与を進めるためには次のことに気をつけましょう。

□現金の手渡しではなく、口座振込にして金額や日付が分かるようにしておく。
□金額や振込時期を毎年変える（毎年同じ額、日だと「定期贈与」とみなされる）。
□贈与契約書を作成する。
□その都度、贈与した資金について受贈者が自由に支出できる状態にある。

「暦年贈与」の仕組み

贈与者

	子①	子②	子③
贈与1年目	110万円	110万円	110万円
贈与2年目	100万円	100万円	100万円
⋮			
相続の7年前	105万円	105万円	105万円
相続の6年前	100万円	100万円	100万円
相続の5年前	105万円	105万円	105万円
相続の4年前	100万円	100万円	100万円
相続の3年前	105万円	105万円	105万円
相続の2年前	100万円	100万円	100万円
相続の1年前	105万円	105万円	105万円

●子供名義の口座に振り込む。
●額や時期は都度変わる。

贈与にならない。相続税の課税対象となる。

相続発生

7年間分は、一部を除き節税にならない。

暦年贈与と相続財産の関係

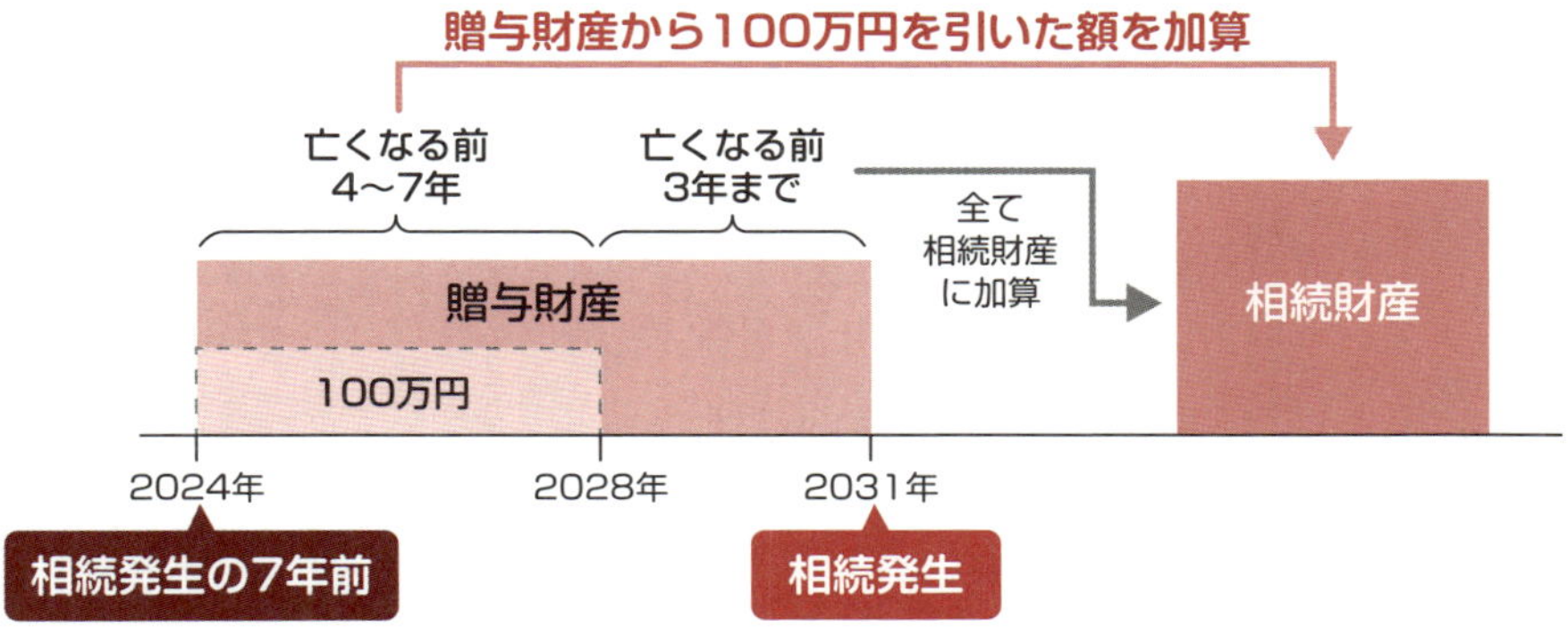

亡くなる前の3年間は全て相続財産に加算され、それ以前の4年間に贈与された分は、全体から100万円を差し引いた金額を相続財産に含めることになる。

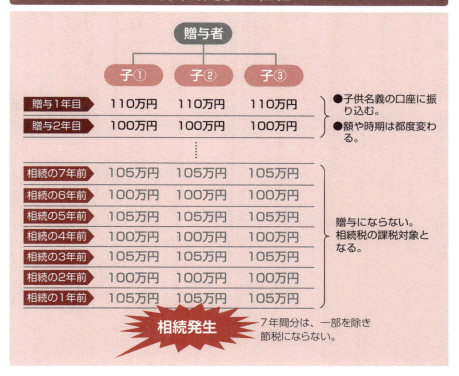

POINT 42

相続開始から三年一〇か月以内に相続財産を売却すると特例が使えます

譲渡所得を減らせる

相続で引き継いだ土地、建物、株式などの財産を、相続が発生した日から三年一〇か月以内に売却した場合、「取得費加算の特例」を利用することができます。

土地、建物、株式などを譲渡して得たお金を譲渡所得金額といい、次の式で求めます。

譲渡収入－（取得費＋譲渡費用）＝譲渡所得

譲渡収入は「引き継いだものを売って得た額」、譲渡費用は「仲介手数料、印紙代など」です。

取得費とは、「取得するときに使った経費」のことで、購入代金、購入手数料、名義書換料などがあたります。

つまり、取得費が多いほど譲渡所得が少なくなり、所得税が抑えられることになります。

特例を使うと相続税も取得費に

さて、「取得費加算の特例」の要件のひとつに「相続税が課税されたこと」があります。

特例を利用すると、売却したものにあたる割合分の相続税も取得費に加えることができるのです。

特例を利用した場合の計算式は次のようになります。

譲渡収入－（取得費＋譲渡費用＋**課税された相続税**）＝譲渡所得

「取得費加算の特例」の要件

- □相続または遺贈で財産を取得した。
- □相続税が課税された。
- □相続開始のあった日の翌日から相続税の申告期限の翌日以後3年経過する日までに譲渡している。
- □相続財産の取得費に加算される相続税の計算明細書を添付して確定申告する。

相続税の申告期限は、原則、相続開始日から10か月なので、相続発生から3年10か月以内に売却すればよい。

「取得費加算の特例」の仕組み

●通常の譲渡所得の求め方

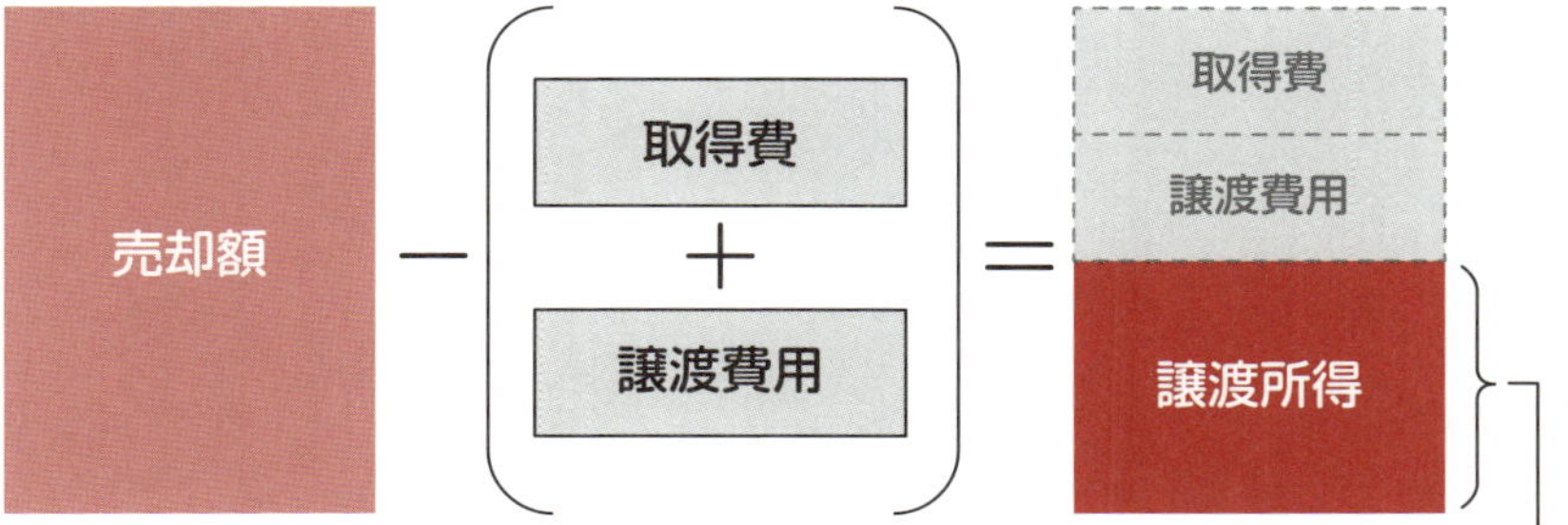

●取得費加算の特例を利用した譲渡所得の求め方

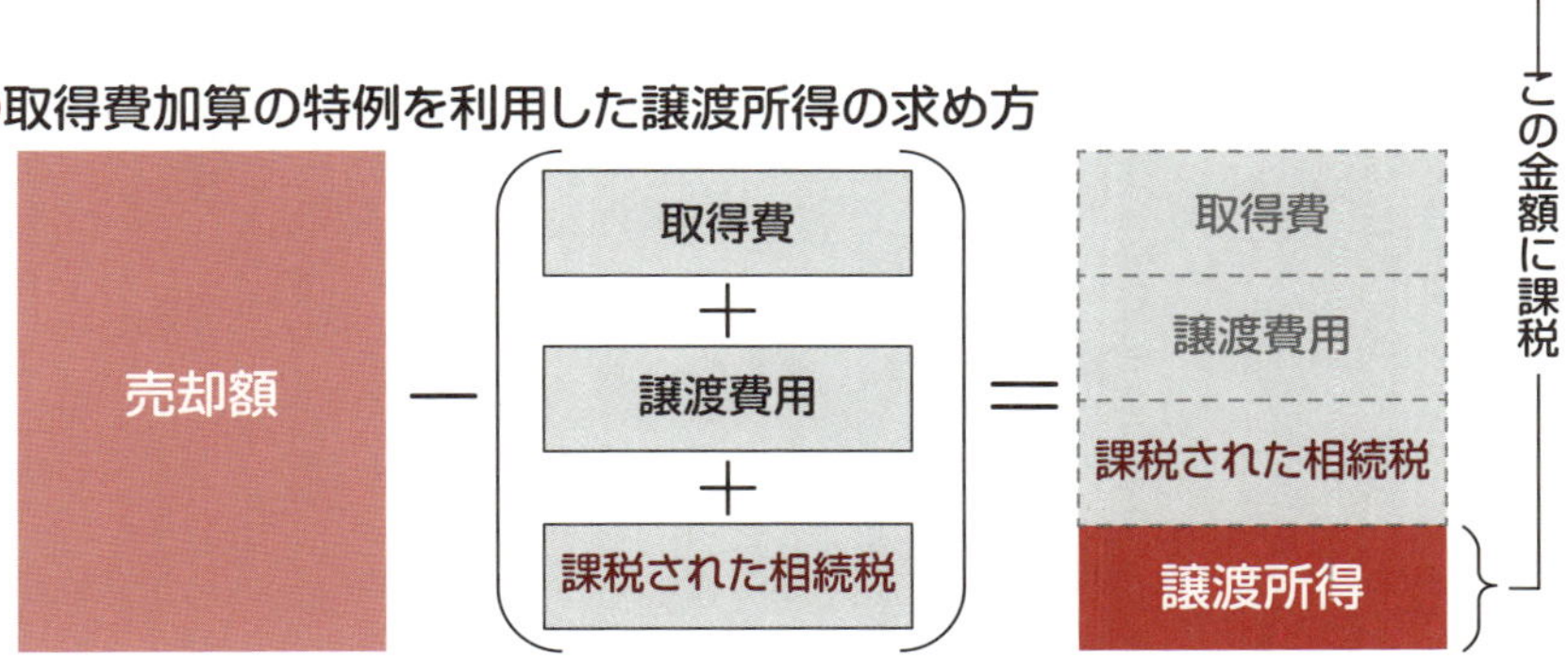

相続税の分、譲渡所得が減るので節税につながる。

POINT 43

生活費や教育費なら贈与税の心配なく財産を移せます

生活費や教育費は条件クリアで非課税

財産を譲ると、受け取った側は財産の価値に応じて贈与税を納めることになります。

しかし、**扶養義務者から受け取った、生活費・教育費などには贈与税はかかりません。**

生活費とは、日常生活を営むために必要な費用で、医療費なども含まれます。教育費は学費のほか、修学旅行費、塾や予備校の月謝など、学校生活の充実に必要な費用を指します。

ただし、生活費・教育費が非課税とみなされるのは「一般的な常識の範囲内」という条件をクリアしている場合です。

また、必要になる度に受け取っていて、その他の目的のためには使わないことも非課税となるための条件に入っています。

例えば、孫に大学入学祝いに「現金」を渡すより、入学金を学校に振込み、生活費の一部をその都度、必要な分を渡すことで贈与税の心配をしなくて済みます。

財産を減らすことのふたつのメリット

贈与税がかからない生活費や教育費の形で財産を上手に移せば、受贈者は日常生活にゆとりがうまれます。また、手持ちの財産を減らしておくと、相続が発生したときに節税効果を発揮します。

扶養義務者とは

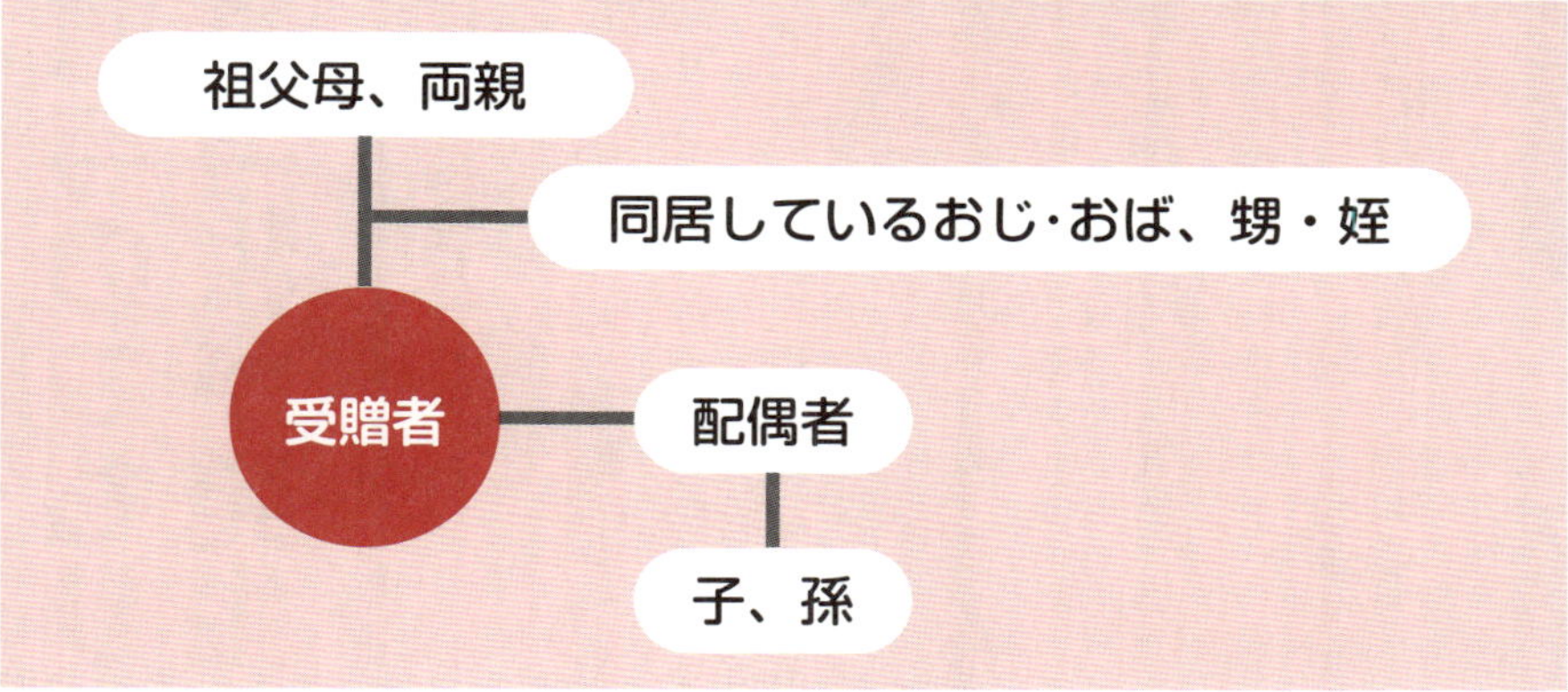

これらに加え世帯が同じなど、生計を一緒にしている者が対象。

贈与税がかからない生活費と教育費

生活費の例

- 家賃・食費日用品・家電購入費などの仕送り
- 医療費
- 結婚式や披露宴の費用
- 婚姻時の家具や家電。またはこれらの購入資金
- 出産時の検査・検診代、分娩・入院費

教育費の例

- 授業料・入学金・教材費・文具費
- 通学費
- 修学旅行費
- 塾や予備校の授業料
- 受験料
- 留学費用

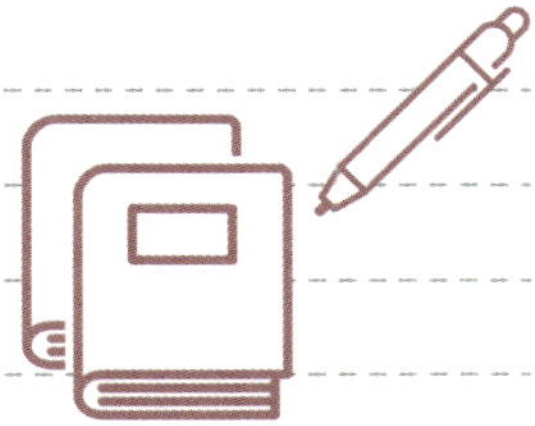

生活費も教育費も極端に多かったり、裕福な相手に贈ったりした場合は贈与税の対象となるおそれがあるので注意。

POINT 44

贈与のつもりがないのに贈与税が発生する「みなし贈与」

みなし贈与とは？

教育資金の贈与（→本編106P）や暦年贈与（→本編108p）など、さまざまな「贈与」について説明しました。これらは全て「タダで財産をあげる」行為です。

一方、「タダで財産をあげる＝贈与」の定義に当てはまらないのに贈与とみなされるケースがあります。これを「みなし贈与」といい、場合によっては贈与税が発生します。

極端に安い価格で譲った

お金を受け取れば「タダではない＝贈与にならない」訳ではありません。

所有している築一〇年のマンションの一室。隣の部屋が三〇〇〇万円で中古物件として売りに出されているのに、一〇〇〇万円で子供に売ったとします。

無償で「贈与」している訳ではありませんが、極端に安いことから「みなし贈与」と判断されてしまいます。

借金の肩代わり・チャラにするのも贈与

子供の借金を肩代わりした場合、子供の手元にお金が残る訳ではありません。

子供にとっては「マイナス（借金）がゼロにな

るだけ」ですが、実際には借金額だけの贈与をしたのと同じですから、こちらも「みなし贈与」となります。

知人や身内に貸していったお金を「もういいよ」とチャラにしたときも「みなし贈与」。こちらも、借金額だけの贈与をしたことになります。

保険金の受け取りが贈与になることも

生命保険を親が契約し、満期給付金を子供が受け取った場合も、「みなし贈与」となり贈与税の課税対象となります。

「みなし贈与」は、発生したあとには手当ができずに、大きな税負担を背負ってしまうことになってしまいます。

不動産売買が「みなし贈与」の指摘を受けると、親は所得税を、子供は贈与税をそれぞれ負担することになります。

「みなし贈与」にならない価格の付け方

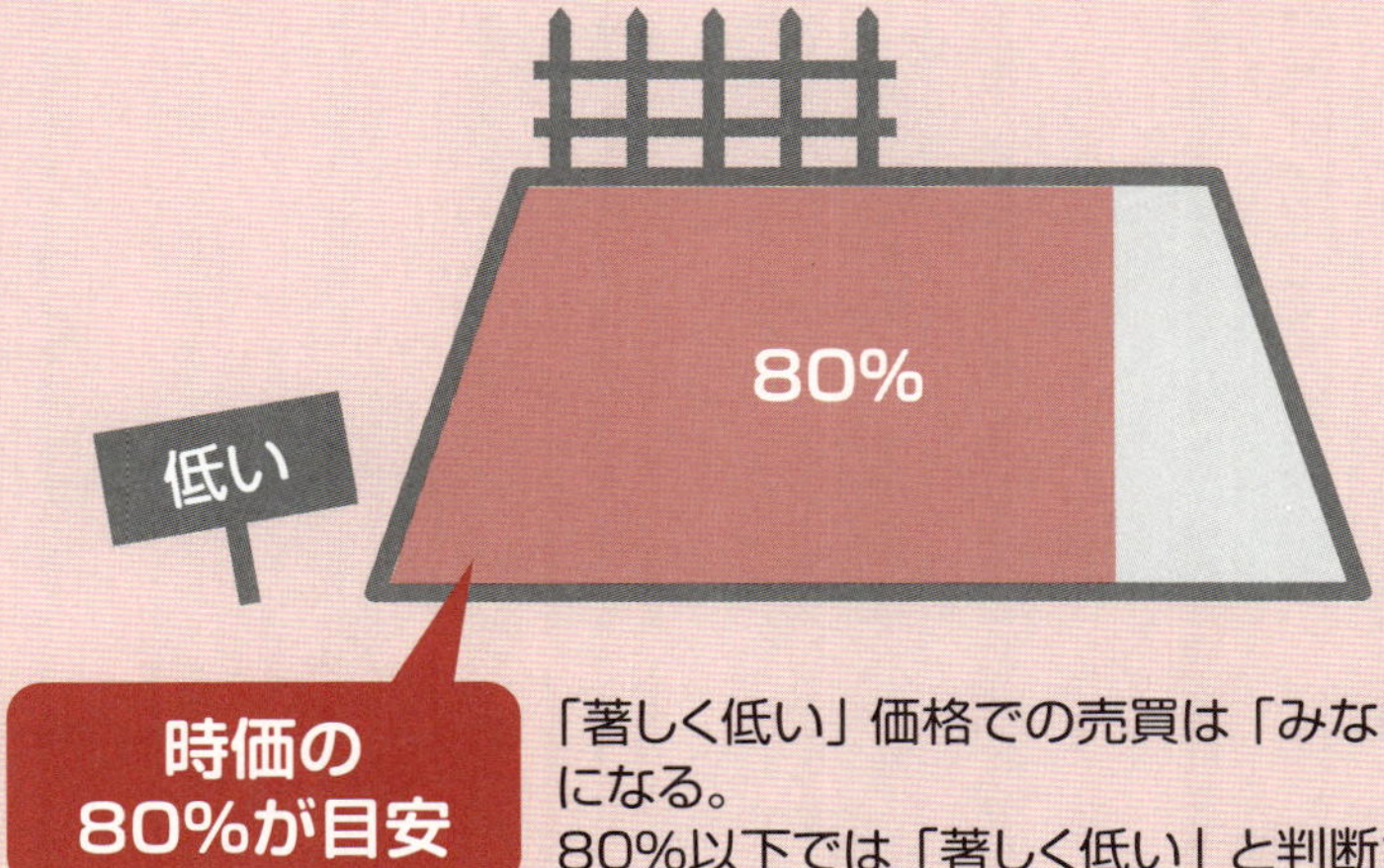

「著しく低い」価格での売買は「みなし贈与」になる。
80%以下では「著しく低い」と判断される。

POINT 45

「みなし相続財産」を受け取ると相続税などが発生します

代表格は「死亡保険金」と「死亡退職金」

「みなし相続財産」とは、相続や遺贈などで受け取ったものではないものの、相続財産として課税対象となる財産をいいます。

よく知られているのが「死亡保険金」です。例えば被保険者・保険料負担者が夫で、保険金の受取人が妻の場合。夫の死後に妻が受け取った保険料は「みなし相続財産」となり、相続税の課税対象となります。

ただし、**保険料を妻が負担していたら、相続税ではなく所得税がかかります。**

亡くなった人が受け取るはずだった退職金を「死亡退職金」といい、こちらも「みなし相続財産」として相続税の課税対象となります。

保険料を誰が払って誰が受け取るのか

死亡保険金も死亡退職金も額が大きいのですが、それぞれ「五〇〇万円×法定相続人の数」が非課税枠となっていて、この金額までは相続税がかかりません。非課税枠の計算には相続放棄をした人物も加えられます。そして、相続放棄していても「みなし相続財産」である保険金を受け取っていたら、その分の税金を納めなくてはいけません。

保険の場合、契約者によって税金の考え方が異なるので、その点も確認しておきましょう。

「みなし相続財産」になるもの

- □死亡保険金
- □死亡退職金
- □終身年金（被相続人が掛け金や保険料を負担し、年金を受け取るのが配偶者などの場合）
- □弔慰金（業務上の死亡なら給与の3年分、業務上の死亡でないなら給与の半年分が非課税となる）　など
- □被相続人の死亡前7年間で贈与された財産（→本編109p）　など

保険料の負担者と税金の種類

被保険者	保険料負担者	保険金受取人	税金の種類
夫 	夫 	妻・子 	相続税
夫 	妻 	子 	贈与税
夫 	妻 	妻 	所得税

夫が亡くなり、妻と子が相続人のケース。保険料の負担者、契約者、受取人などによって課せられる税金が異なる。

POINT 46

相続税の額によっては「相続時精算課税制度」で得します

贈与した分は相続財産に加算される

「相続時精算課税制度」とは、簡単に言えば「相続税が先送りできる制度」。「メリットになる・ならない」がハッキリと分かれるので、使い方に気をつけたい制度です。

六〇歳以上の親や祖父母から一八歳以上の子供や孫への贈与が対象になります。現金、預貯金、不動産、株式など、贈与できる財産の種類に制限はありません。この制度を利用すると、子供や孫は合計二五〇〇万円まで贈与税は非課税で受け取れます。

ただし、相続が発生したら、相続財産に加算され相続税が課税されます。

一億円の財産のうち、制度を使って子供に二五〇〇万円を一度に贈与したとします。その時点では贈与税は〇円。

その後に相続が発生し、子供は残りの七五〇〇万円を相続します。が、相続税は七五〇〇万円ではなく、先に贈与を受けた二五〇〇万円と七五〇〇万円を足して、課税されることになります。

相続税が〇円なら利用を検討

非課税枠を用いた贈与は、手元の財産を減らすことで相続税を減らす効果があります。一方、「相続時精算課税制度」は相続税を減らす効果はありません。

この制度の恩恵を受けることができるのは、**相続税が０円になる見込みの方**です。相続税の基礎控除額（三〇〇〇万円＋六〇〇万円×法定相続人の数）が、相続財産を超えたら相続税は〇円になります。

通常の贈与では一一〇万円が上限になりますが、「相続時精算課税制度」を使えば二五〇〇万円まで非課税で贈与できます。

元々、相続税が〇円であれば、相続が発生したあと、相続財産と贈与した分を合計しても課税されることはないのです。

ただし、下がり続ける地価のように今よりも将来その価値が下がるものに対してこの制度を利用すると不利な場合があります。

「相続時精算課税制度」の利用を検討するケース

法定相続人の数	相続税の基礎控除額
1人	3000万円＋600万円×1人＝3600万円
2人	3000万円＋600万円×2人＝4200万円
3人	3000万円＋600万円×3人＝4800万円
4人	3000万円＋600万円×4人＝5400万円
5人	3000万円＋600万円×5人＝6000万円

相続財産が相続税の基礎控除よりも少ないなら「相続時精算課税制度」のメリットあり。

2500万円までを非課税で贈与できるが、相続発生時には贈与した分が相続財産に加えられる。

メリットは？　例えば2500万円分、住宅ローンを組まなくて済むため、その間の金利がかからない。そもそも2500万円がなければ住宅が購入が難しい人にとっては大きな恩恵がある。

POINT 47

生命保険は受取人によって相続税の負担が変わります

非課税枠を子供に使う

保険金の受取人は、配偶者以外（子供）にしておくほうが相続税対策には有効です。

保険金を受け取った場合、「五〇〇万円×法定相続人の数」が非課税の総額となり、個々人の非課税額は保険金を受け取った割合によって決まります。

そして、配偶者には相続財産が一億六〇〇〇万円までなら相続税がかかりません（配偶者控除）。

配偶者は非課税額が十分にありますから、相続税の納税で苦労する可能性は低いでしょう。

そこで、**保険金の非課税枠を子供に譲る、つまり、受取人を子供にしておいたほうが相続税を圧縮できる**のです。

保険契約者を子供にする

「被保険者＝親、契約者・保険金受取人＝子供」で生命保険に加入する方法もあります。

子供が保険料を支払っていると、相続発生時に受け取った保険金には相続税ではなく所得税がかかります。

ただし「五〇〇万円×法定相続人の数」の非課税枠を使用できないため、相続財産が多額のケースに検討する方法といえるでしょう。

保険金の非課税額は受け取った保険金で割合が決まる

前提
●法定相続人…3 人（配偶者、子供①、子供②）
●非課税額…500 万円 ×3 人＝1500 万円

この1500万円を、保険金を受け取った割合に応じて分ける。

非課税枠を等分で分ける例

	配偶者	子供①	子供②	
保険金を	1/3 の 1000万円	1/3 の 1000万円	1/3 の 1000万円	受け取ったら
非課税額は	500万円	500万円	500万円	

（配偶者の500万円）この非課税枠はむだになってしまう

非課税枠を有効に使う例

	配偶者	子供①	子供②	
保険金を	0万円	1/2 の 1500万円	1/2 の 1500万円	受け取ったら
非課税額は	0万円	750万円	750万円	

500万円の非課税枠 → 子供①へ 250万円、子供②へ 250万円

配偶者が保険料を受け取らなければ、非課税枠を子供に使える。

保険金の受け取りがゼロでも非課税枠の合計は1500万円のままで、保険金を受け取った割合（この場合は1/2）で1500万円の枠を分ける。

POINT 48

お墓や仏壇を生前に購入すると相続財産を減らすことができます

お墓が欲しいなら生前に購入

生前に購入した土地や車などは相続財産とみなされ課税対象となります。

しかし、墓地・墓石・仏壇・仏具などは相続税が非課税。**これらは「祭祀財産」といわれ、相続財産にも含まれず贈与税の対象にもならないので**す。そのため、墓地・墓石、仏壇・仏具を生前に購入しておけば、相続財産を減らすことができて相続税の節税となるのです。

例えば祭祀財産を五〇〇万円分購入したとしたら、相続発生後にそれらは相続財産としてカウントされず、残った現金も五〇〇万円分減っているので相続税を減らすことができます。

近年は一般的なお墓だけでなく、納骨堂や樹木葬に入る人も増えています。これらも祭祀財産扱いです。

購入は一括で

相続税が非課税になるとはいえ、不自然に高額では非課税とならないこともあります。

また、一括で購入することもポイントです。通常、ローンなどのマイナスの財産は相続財産から差し引くことができます。しかし、お墓などの祭祀財産は非課税財産なので、残ったローンは債務控除の対象とならないからです。

購入したお墓の種類と平均価格

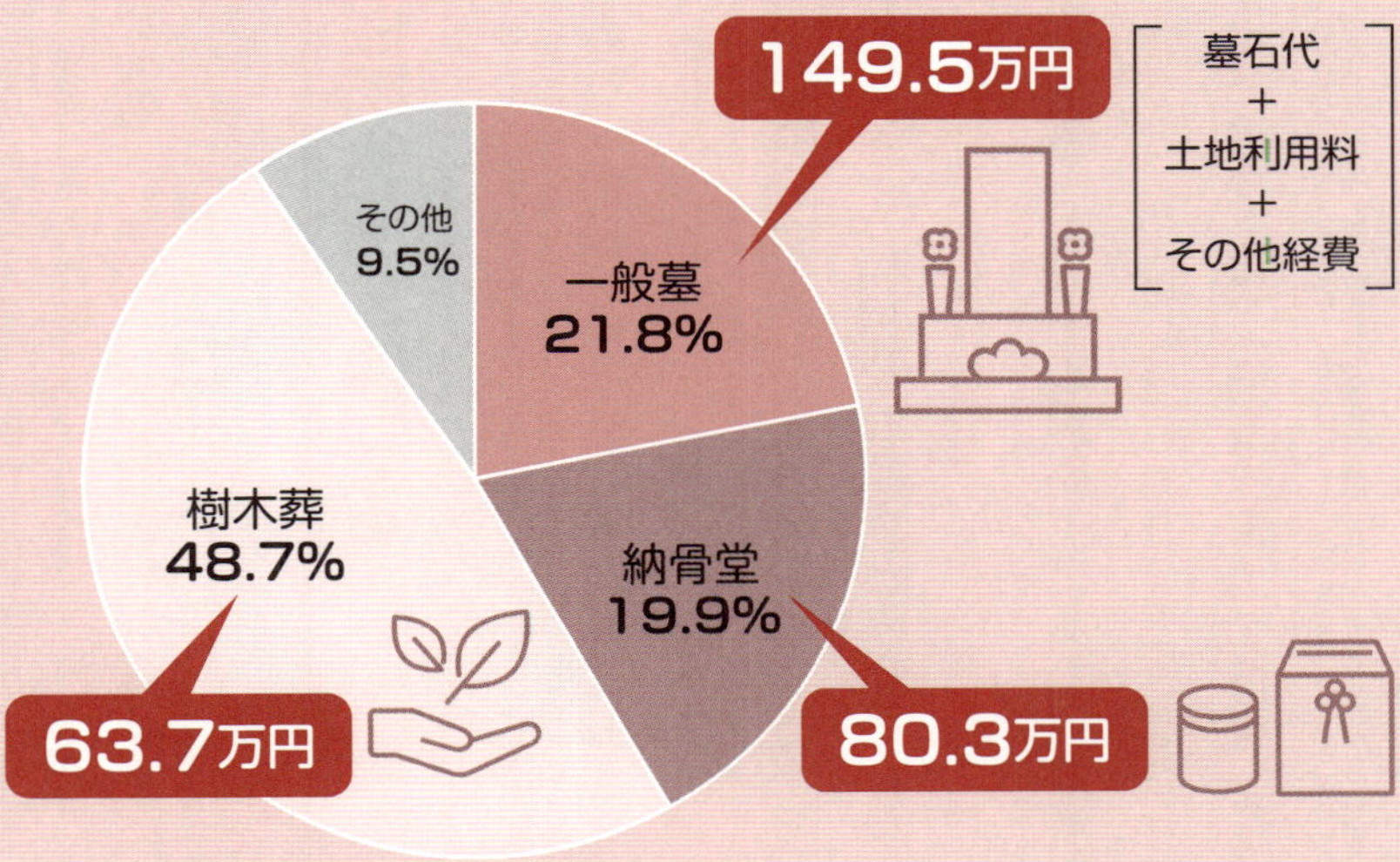

「第15回 お墓の消費者全国実態調査（2024年）」（いいお墓）より

祭祀財産にあたるもの

墓関連

- 墓地
- 墓碑
- 墓石
- 納骨堂
- 樹木葬

仏具等

- 仏壇
- 仏具
- 位牌
- 仏像
- 神棚
- 神体
- 庭内神し（屋敷内にある社やほこらなど日常礼拝しているもの）

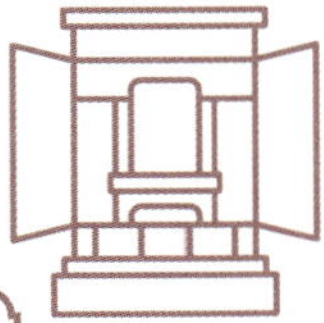

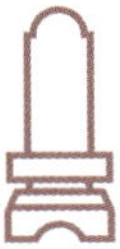

被相続人が亡くなったあとに相続人が相続財産で祭祀財産を購入しても非課税にはならない。また、「純金の仏像」などあまりにも高額なものは課税対象となることもある。

※墓じまいや改葬については第5章で説明しています。

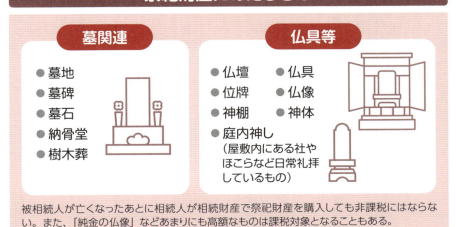

POINT 49

相続放棄をしても相続人が受け取れる財産もあります

死亡保険金などは遺せる

　不動産や預貯金、株式、貴金属、そして借金もひっくるめた「相続財産」を、相続人は引き継がない選択をすることができます（相続放棄）。しかし、相続放棄をしても受け取ることができる財産もあります。「相続財産」とみなされない死亡保険金などが該当します。

　相続放棄するつもりでも表の①にあたる財産を使ってしまうと「相続の意思あり」とみなされてしまいます。相続人が「相続放棄」を希望しているなら、没後に預貯金に手を出さなくて済むように葬儀費用などは現金で準備しておきましょう。

相続放棄と財産

① 相続放棄をしたら 受け取れない財産	② 相続放棄しても 受け取れる財産
• 被相続人の預貯金 • 不動産 • 医療保険の給付金 • 高額療養費の還付金 • 払いすぎた税金・健康保険等の還付金 • 未払いの給与	• 放棄する家族が受取人の死亡保険金 • 香典・御霊前 • 祭祀財産 • 健康保険からの葬祭費・埋葬料 • 放棄する家族が受取人の死亡退職金 • 未支給年金・遺族年金

相続財産にあたらない財産は、相続放棄しても受け取ることができる。

第4章

家族を安心させる住まいの整え方

身の回りを
整理しましょう

「片付け」は家族への最後の大きく意義ある「贈り物」です

☑心に向き合う時間もない

人が旅立つとき、見送る側は悲しみに浸る時間もなく、慌ただしく多くの対応に追われます。

四十九日を迎える頃には暮らしに落ち着きが戻ってくるはずですが、もしも亡くなった人が全く身辺整理をしていなかったのなら、疲れた体にむち打ってもう一仕事も二仕事もこなさなくてはなりません。

人生一〇〇年時代と言われていますが、「片付け」に早すぎるということはありません。手を付けてみると、物の多さ、処理の手間に愕然とし、さらにデジタル情報の取り扱いなど、一筋縄ではいかないことが分かるでしょう。

☑人間の真価は「最期」で決まる

終活を見据えた片付けは、単なる整理整頓とは大きく異なります。

整理整頓は「物の場所を決めて使い勝手をよくする」ことが目的です。例えば「使わない物はしまう」などは整理整頓といえます。

仕事や子育てに一段落して、心身共に自由な時間が増えた世代がなすべき「片付け」は、日常的な使い勝手にとどまらず、配偶者や子供達への「メッセージ」ともなりうるものです。

後顧の憂いのないよう粛々と片付けに取り組む

親の姿は、子供の心に強いメッセージとして刻まれることでしょう。遺された人に片付けの時間や労力、資金などを使わせない思いやりも大切なことです。

「片付け」の範囲とゴール

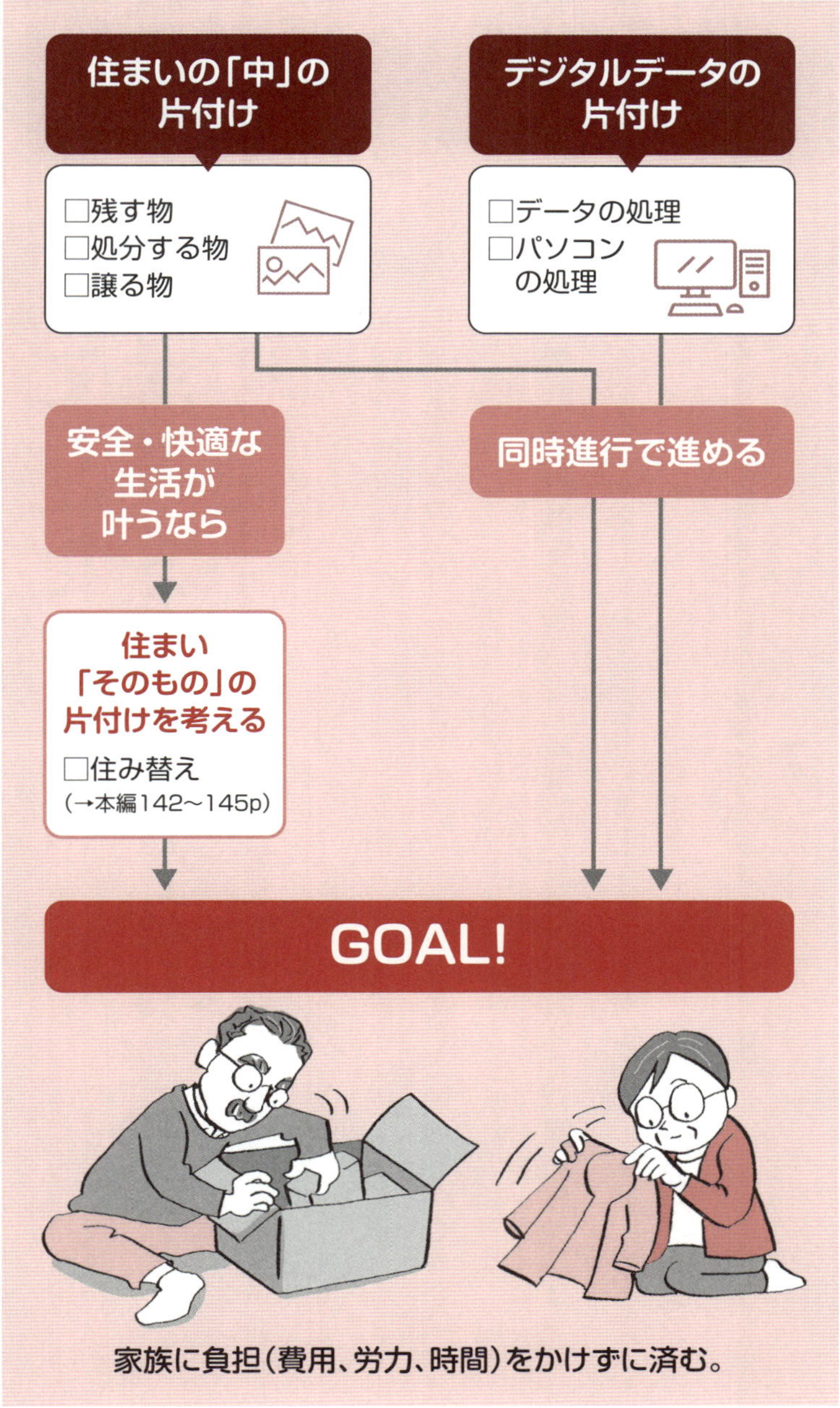

家族に負担（費用、労力、時間）をかけずに済む。

POINT 50

住まい 「捨てる」にはたいへんな手間とお金がかかります

▼ゴミの種類によって費用は高額に

リビングにあるものを「捨てる」と想定してみましょう。いかにお金と手間が必要なのか身に迫って感じられ、危機感を抱くはずです。

まず、テレビ、エアコン、洗濯機、冷蔵庫は家電リサイクル法によって行政では引き取ることができません。

処分するにはリサイクル料金と搬出・運搬費用を支払って不用品回収業者に依頼する必要があります。

行政に粗大ゴミの引き取りを依頼する際は、事前にゴミ処理券を購入しなくてはいけません。

例えば東京の中野区のゴミ処理券は、シングルベッド一三〇〇円、ソファ（二人用以上）二三〇〇円、自転車九〇〇円、両袖机三二〇〇円。どの市区町村であっても、処理券が必要な場合は細かく値段設定がされています。

定期的に無料で粗大ゴミの収集をおこなっている市区町村もありますが、収集頻度は多くありません。棚などは原則バラすことが条件となっていることもあります。

専門の業者に一気に引き取ってもらえば細々した段取りは不要ですが、それ相応の費用はかかります。

行政に粗大ゴミの引き取りを依頼する場合の手続き

STEP1 電話かインターネットで申し込む。

↓

STEP2 コンビニエンスストア等で「ゴミ処理券」を購入

↓

STEP3 名前や受付番号を記入した「ゴミ処理券」を貼って、STEP1で指定された日時・場所に粗大ゴミを出す。

上記は中野区の例。高齢者等、粗大ゴミを屋外へ運び出すことが難しい場合、運び出しからおこなってくれる。

不要品回収業者に依頼する場合

メリット

- □分別の必要がない。
- □引き取り日時を指定できる。
- □「軽トラック」「2トントラック」に載せ放題といったプランもある。

デメリット

- □費用がかかる。
- □階段費用、スタッフ費用など、追加費用がかかることがある。

電話だけで正式契約しない。事前に見積もりを出さない業者も危険。

POINT 51

住まい 家事の延長としてコツコツ片付けましょう

一気に片付けるのは無理

年末の大掃除のように勢いをつけて一気に片付けたくなるかもしれませんが焦りは禁物です。慌てて片付けると大事な書類などをうっかり捨ててしまうこともあります。

また、思い出の品など全て消え去ってしまうと存外寂しいもので、精神的にこたえてしまうこともあります。そうした失敗をしないためにも、家事の延長としてコツコツ片付けていきましょう。

片付け対象となるのは次のものです。

①片手で持てる物（食器や置物など）。
②軽い物（服やバッグなど）。

片付け対象のもので「残す物」以外を「処分」「思い出」「様子見」に分別していきます。大きめの段ボールなどを用意しておくとよいでしょう。

「一日三〇分」「一日五個」などノルマを決めて処理していけば、一か月もするとかなりスッキリするはずです。「リビング」「寝室」と大きく設定せずに「寝室のクローゼットの衣装ケースから」というように、細かく区切ると「終わり」がはっきり見えてモチベーションが維持できます。

細々した物が大分減ったら、**残った品々は「置き場所を決める」ことを徹底してください**。「不要品を捨てる」と「残した物の整理」が両立してこそ「片付けた」といえるのです。

片付けの手順

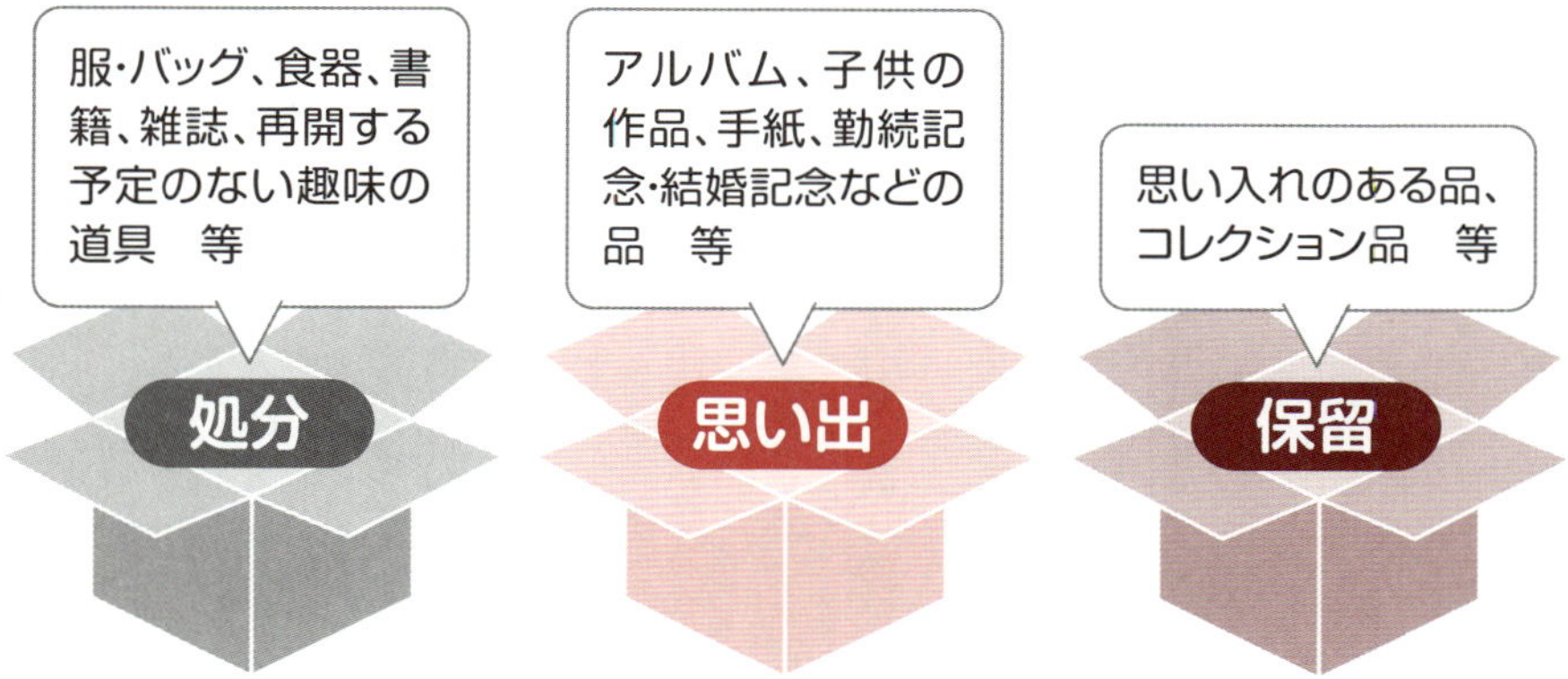

（→本編138～141ｐ）　（→本編138ｐ）

「処分」に入れた物は「取り出さない」と心に決めておく。

片付けを継続するコツ

1日30分、毎週○曜日2時間、1日5個処分など、無理のないノルマを決める。	▶ 負担なく習慣化できる。
「寝室」「リビング」と大きな設定せずに「クローゼットの衣装ケース」「リビングの引き出しの1段目」など細かく区切る。	▶ 細かく区切ると「終わり」がハッキリ見えて達成感がある。
残した物の置き場所を決める。	▶ 物を探す労力や見つからずに買い足すなどの無駄がなくなる。整理整頓が暮らしに効率性をもたらすと実感できれば「捨てる」ことに迷いがなくなる。

処分しない物は、置き場所を決めて整理しておく。

POINT 52

住まい

「実はいらない物」修理やメンテナンス待ちの物は処分を

「片付け」は気持ちを豊かにする

「毎日、片付けているのに全然、部屋がスッキリしない」

「片付けたいけど、処分してよい物がない」

「まだ使える物を捨てるのはもったいない」

こう考えはじめると「片付け」の作業は一向に進みません。

それでも「一日三〇分」「一日五個」とノルマを達成しようと家中の物に向き合っても、さっぱり物が捨てられないようでは、ストレスばかりが膨れ上がってしまいます。

小さくてもよいので「キレイになった」「スッキリした」と確実な達成感があると、楽しく片付けを継続できますが、成果を感じられないと「片付け」が苦行となってしまいます。

これは非常に残念なことです。七〇歳代からの「片付け」は、暮らしも気持ちも明るくしてくれるはずだからです。

「いる物」ってどんな物?

片付けは簡単にいえば「いる物」を残してそれ以外を処分することです。

この「いる物」の定義がブレているから、なかなか物が処分できずに、片付けが全く進まないのです。

「いる物」とは「現在進行形で使用している物」。そう考えると身の回りには「実はいらない物」がたくさんあるのではないでしょうか。

「実はいらない物」の処分で弾みがつく

「実はいらない物」の筆頭は一か月以上も「修理・メンテナンス待ちの物」です。

パンクした自転車、電球が切れたままのフロアスタンド、サビだらけの剣山、オイルが切れたミシン、パーツが紛失した電動ドライバーなどは、「実はいらない物」です。暮らしに支障が出るような物なら、とっくに修理をしているはずです。「実はいらない物」は「なくても困らない」どころか「あると邪魔になるだけ」です。

こうしたものを積極的に処分していく中で「物への思考」も整理され、片付けがはかどるようになります。

「修理・メンテナンス待ちの物」は処分を

パンクした自転車、電球が切れたままのフロアスタンド、オイルが切れたミシン、パーツが紛失した電動ドライバーなど、手入れをしたら使えるが……。

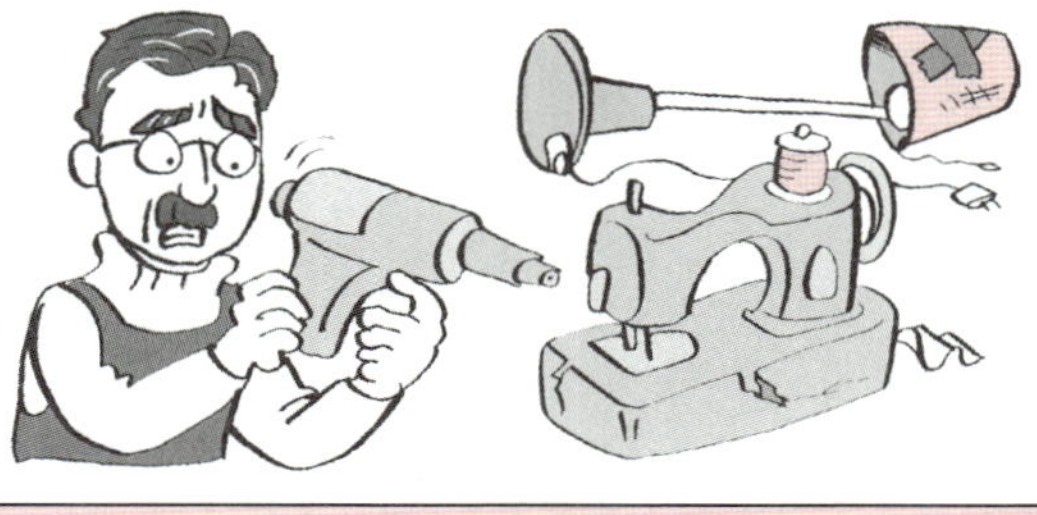

1か月そのままなら処分

POINT 53

住まい「もったいない」と思う物が二束三文レンタルで十分なことも

本当に「もったいない」？

片付けを進める上で、使用頻度が二年に一回程度のものは処分候補となります。

しかし、いざ処分しようにも踏ん切りがつかないことがあるでしょう。

①高かったのに捨てるのはもったいない。

②処分すると、使うときが来たときに買い直すのがもったいない。

と、考えてしまうからです。

他人の価値評価に耳を傾ける

ブランドの食器セットなどは①に該当します。

まずは家族や友人知人で「欲しい」と言ってくれる人に譲りましょう。

数人に声をかけてみると「あれ、思ったより人気がないぞ（価値がない）」と気づくかもしれません。すると、物への未練や執着が消えて、処分への逡巡がなくなり気持ちが楽になります。

片付けを気持ちよく進めていくためには、物への未練や執着と上手に折り合いをつけていくことです。

辛い思いをしてまで物を捨てる必要はありません。でも、「価値があると信じて、もったいないと思い込んでいる」だけのときもあります。未練や執着と折り合いをつけるには、他人の価値評価が役に立つのです。

「お宝」のつもりでリサイクルショップに持っていった物が「買取価格五〇〇円」と提示されたなら、わざわざ手元に残そうとは思わないものです。

▼レンタルできるものはレンタルで

冠婚葬祭用の着物や服も①には含まれることもあります。なかなか出番がないのに保管に気を遣うことが負担に感じるようなら、処分のタイミングかもしれません。必要なときにはレンタル衣装を利用して様々なデザインにチャレンジするのもよいものです。

②の筆頭は来客用の布団や座布団です。子供や孫の来訪が頻繁でなければ手入れも怠りがちでしょう。レンタルの布団は干したり布団乾燥機にかける手間も省けて負担が軽くなります。

「もったいない」と思う物をどうする？

□2年以上、使用していない。

□家族や友人知人で欲しがる人がいない。

□ネットで同等品の値段を調べたら二束三文だった。

□同等品をレンタルした場合。一回の負担額と年間の使用頻度に納得できる。

□保存スペースが必要。

↓

2個以上あてはまるなら「処分」

2個以上あてはまるようなら「もったいない」と思わなくてもよい物。

POINT 54

住まい 家具の買い換えは慎重に 家電は耐久年数を超えたら買い換え

問題がないなら家具はそのまま使う

片付けが進むとタンスなどの収納家具の中身がスカスカになってくるはずですが、収納量に合わせて「小さな家具に買い換え」をするのは、あまりおすすめできません。

古いタンスを処分しなくてはならず、新たに購入した小さい家具もいずれ処分することを考えると手間が増えてしまうからです。

ただし、「家具が邪魔でドアの開閉が不便」「大きな家具は地震で倒れないか心配」といった問題があり、それらが家具の買い換えで解決できるのなら、積極的に買い換えましょう。

暮らしの利便性が上がると片付けがはかどるうえ、室内でのケガの予防にもつながるからです。

家電の買い換えで事故を防ぐ

家具同様、家電の買い換えも処分の手間がかかりますが、安心・安全のためにも家電の買い換えは前向きに検討しましょう。

何十年も使用している家電はパーツの劣化から出火するおそれがあるほか、使用時に破損するとケガをしてしまうかもしれません。

一方、最新の家電は音声ガイドなどでスムーズに操作ができるうえに、安全面でのサポート機能も充実しています。

家電の買い換え手順

業界団体が推奨する買い換え時期を確認

各業界ごとに次のように買い換え時期推奨している。

- 日本ガス石油機器工業会→ガス石油機器の買い換え・点検時期は8～10年。
- 家電製品協会→家電機器の買い換え時期は10年。
- 日本レストルーム工業会→温水洗浄便座の買い換え時期は10年。

耐久年数を超えているなら買い換え検討

□設置場所のサイズを確認。
□必ず店舗で実際に触って選ぶ。
□製品と一緒に置かれている取り扱い説明書が分かりやすいか確認。
□古い製品の引き取りサービスの有無、費用について確認。

迷ったらユニバーサルデザイン配慮製品を選ぶ

ユニバーサルデザイン配慮製品は、高齢者や障がいのある人にも使いやすいよう以下のような配慮がされている。

□音声ガイドがついている。
□音声操作ができる。
□点字表示がついている/つけられる。
□文字やボタンが大きい。
□ボタンが触ってわかる。
□報知音がある。
□光って知らせる。
□家事の負担が軽減される。
□もしもの場合に役立つ。

家電製品などのトラブルは火事やケガなど重大事になりやすい。事故発生の前に安全な製品に買い換えを検討する。

POINT 55

住まい 思い入れのある品は思いをつないでくれる「次の人」へ

心が空虚になる「片付け」はしない

七〇歳代以降の方は「活字」で知識を深め、活字によって感情を揺さぶられる経験を幾度となく重ねてきたはずです。幼い頃から今に至るまで「活字」が友であり師でもあったのです。

本棚には若かりし頃に感銘を受けた本、著者のサイン本など「そこにあるだけで心が元気になる」――そんな本もあることでしょう。

物を処分した結果、空間に余裕が生まれ、暮らしが快適になり、心身共に元気になる。これが七〇歳代からの「片付け」が目指すところです。

大事な書籍を断腸の思いで処分し、その後に空虚感に襲われるようでは、よい片付けとはいえません。

それは書籍だけではありません。コツコツ集めた食器のような自分の好きな物、旅先で出会った思い入れの強い品でも同じです。このような気持ちを上向きにしてくれる物は残しておきましょう。

物を残すなら「処分費用」も残す

なるべく量を減らす努力は必要ですが、心に負担にならない方法を考えましょう。誰かが大事にしてくれると思うだけで、気持ちは楽になります。

ネットオークションやバザー、関係機関への寄付などを通じて、必要な誰かの手に届けることを検討してみましょう。

どうしても手元に置いておきたい大事な品は、家族に継いでもらうか、「処分費用」を準備し、「その後の処分は任す」と言付けておけば、家族も理解してくれることでしょう（➔別冊14p、16p）。

気に入っている物の選別

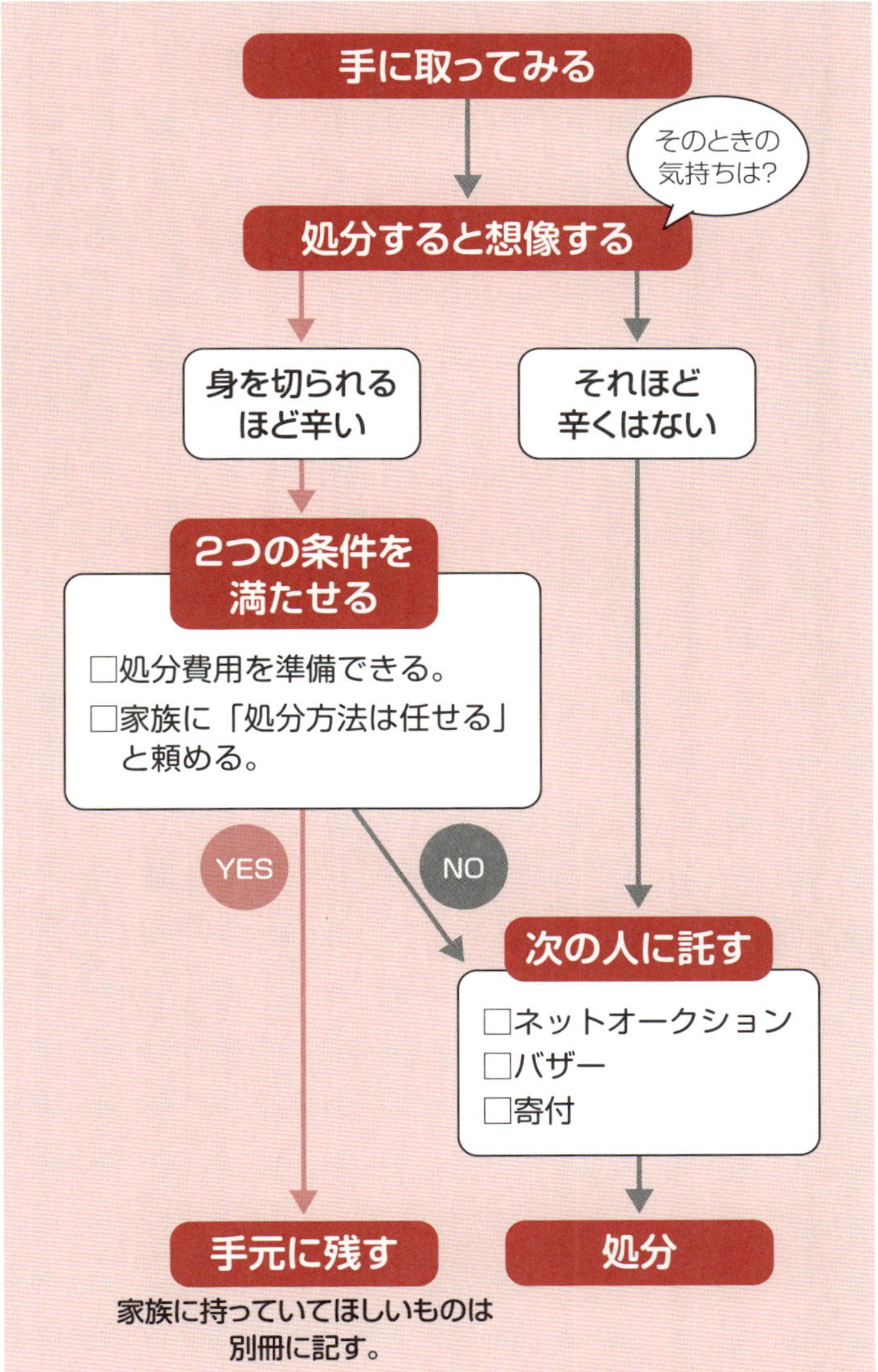

手放しがたい思いが強い品でも、置いておくうちに気持ちが落ち着いて、ある日スッと処分できることもある。

➔別冊14p「相続に関する希望を整理する」
➔別冊16p「廃棄を希望するもの」

POINT 56

住まい 孫や子どもの作品やアルバムはデータ化でコンパクトに

作品の撮影は楽しみながら

子供から父の日・母の日に贈られた絵、孫から敬老の日に贈られた絵など、子供や孫の成長の跡が感じられ、処分するのは忍びないものです。

こうした作品はデジカメやスマホで撮影してデータ化してしまいましょう。特に保管が難しい立体物はデータ化することをお勧めします。

作者である子供や孫に作品を持ってもらって撮影するのも楽しい演出です。

作品を本にするサービスも

例えば子供と孫が同い年のときに描いた絵が残っているとか、「初めての手紙→成人後の手紙」など、ストーリーを作れるようなら一冊の本にするのもよいでしょう。

作品現物を送付する、または作品を撮影した画像データを送信すると、製本して「作品集」に仕上げてくれるサービスもあります。

アルバムの写真はデータ化

身内が亡くなって住まいの整理をするとき、扱いに困るもののひとつが「アルバム」です。

七〇歳代以上は分厚いアルバムが何冊も自宅にあるはずですが、遺された家族の心の負担を軽くするためにも全てデータ化しておきましょう。

絵や作品、紙の写真はデータ化する

アルバム

- 自分の若い頃の写真
- 旅行の写真
- 冠婚葬祭などイベント写真
- 子供や孫の成長写真

または → 本人に渡す

絵や作品

- 父の日、母の日、敬老の日などに贈られた絵や作品
- チケットの半券、パンフレットなどのレジャーの思い出
- 保育園のノート、子供の成績表

↓

スマホで写真を撮ってデータ化

作品の撮影方法

□室内の照明は消して、窓のそばで自然光で撮る。

□光が一定になるように「同じ場所」「同じ時間帯」に撮影する。

□撮影時は窓のくもり、撮影者などの「影」が入らないように気をつける。

□作品が膨大にある場合、1点ずつの撮影にこだわらず、同じテーマの物を集めて一度に撮る。

小物をあしらうなど演出に凝っても楽しい。

POINT 57

住まい 住み替えで不便解消 暮らしの質が上がることも

「住み替え」はマンションが人気

国土交通省は、住宅取得が初めての「一次取得者」と二回目以降の「二次取得者」について住宅の種類別に年代を調査しました（「令和五年度住宅市場動向調査」）。

住宅の種類は、分譲戸建住宅、注文住宅、分譲マンション、中古戸建住宅、中古マンションの五種です。

一次取得者…すべて三〇歳代が最も多い。

二次取得者…分譲戸建住宅で四〇歳代が最も多い。注文住宅、分譲マンション、中古戸建住宅、中古マンションでは六〇歳以上が最も多い。

六〇歳以上は、暮らしの変化に合わせて住居を変える人が多いことが分かります。

子供との同居の有無で資金計画が変わる

金融機関でローンが組める年齢は七一歳未満のことが多く、高齢でローン契約すると完済するのは最長で八〇歳前後になるでしょう。

頭金を多く入れれば借入金額を減らし、返済期間を短縮できますが、ある程度の金額は「もしも」に備えてなるべく残しておきたいものです。

子供との同居を考えているならば、親子リレー返済や子供とのペアローンを利用することも検討するとよいでしょう。

「住み替え」を検討するとき

Ⓐ 戸建て・マンション共通

□子供が独立して使っていない部屋が多い。
□ご近所付き合いに疲れた。
□老後はIターンやUターンで今までと違う暮らしがしたい。
□古いためバリアフリーに対応していない。
□掃除が負担。
□買い物が不便。
□通院が不便。
□セキュリティに不安。
□資金的な心配がない。
□住み替えを機に子供と同居が可能。

Ⓑ 戸建て

□古い戸建てで維持管理に費用がかかる。
□寒い(または暑い)ため体に負担がかかる。
□ゴミ出しが不便。
□車必須の地域だが運転が不安になってきた。

Ⓒ マンション

□住民層が変化してきた。
□空き室が増えてきた。
□騒音の問題がある。
□建物の老朽化が心配。

↓

Ⓐ+ⒷまたはⒶ+Ⓒの該当数が6個以上

↓

住み替えを検討

6個以上該当するようなら住み替えをした方が、快適な暮らしを送れる可能性が高い。

POINT 58

住まい 高齢者施設は入居条件次第で「終の棲家」になりません

元気なうちに入る施設も

今は元気でも将来のことを考えておくことは大切です。高齢者施設も選択肢のひとつになります。高齢者施設には公的・民間のものがあり、それぞれ**入居にあたっては利用者の自立度や介護度、年齢、利用料などに条件が設けられています。**

適切なサポートを提供するために受け入れる利用者の状態を定めているので、入居後に介護や医療ケアが必要になったり、認知症の症状があらわれると退去を求められることもあります。

また、介護や医療ケアが必要な方だけでなく、心身共に元気な方を対象とした施設もあります。

元気なうちに高齢者向けのサポート体制が整った施設に移ることで、住居や健康面への不安が軽減され伸び伸びと生活できるでしょう。

一時金の扱いに注意

有料老人ホームでは月額利用料のほかに入居時に「入居一時金」を支払い、ホームを終身利用できる権利を得ます。入居後、毎月償却されて退去時には残った分が返還されます。

「入居一時金ナシ」の施設もありますが、その場合は月額費用が高額になります。

施設や運営会社によって一時金の扱いが異なるので、確実に理解しておきましょう。

高齢者施設の概要

種類	運営	対象者	備考
特別養護老人ホーム（特養）	地方公共団体、社会福祉法人	身体または精神上の障がいで常時介護が必要。自宅での介護が困難。	要介護者のための生活施設。
養護老人ホーム	地方公共団体、社会福祉法人	65歳以上。環境または経済的な理由で自宅での養護が困難。	自立や社会活動への参加の指導・訓練をする。
経費老人ホーム	地方公共団体、社会福祉法人、知事の許可を受けた法人	65歳以上。身体機能の低下等で自立した生活に不安があり、家族の援助を受けることが困難。	低所得高齢者に無料または定額でサービスを提供。
有料老人ホーム	営利法人中心	施設によって異なる。	入浴・排泄・食事の介護、食事の提供、洗濯・掃除、健康管理のいずれかを提供する施設。
サービス付き高齢者向け住宅（サ高住）	営利法人中心	60歳以上。60歳未満の場合は要介護・要支援認定を受けていること。	状況把握サービス。生活相談サービス等の福祉サービスを提供。
認知症高齢者グループホーム	営利法人中心	要介護・要支援者で認知症がある。	日常生活のサポートと機能訓練を共同生活の中でおこなう。

※年齢を含め、要介護度などさまざまな状況により受入要件は変わる。

Column

入所後に費用が上乗せされることも

高齢者向けの施設にかかる費用は、運営母体や利用者の介護度、利用するサービスなどによって大きく異なるため一概に「平均」を出すことは困難です。入所前にしっかりと説明を受けましょう。

月額利用料には、「食費」「居住費」「管理費」「施設介護サービス費用」などが含まれ、入居者の状態によって介護費や医療費が上乗せされることもあります。費用は「ギリギリ」で検討せずに「上乗せ分」も考えておきましょう。

POINT 59

IT デジタル遺品は確実に処分できるように段取りを

デジタル遺品は二種類

パソコンやスマホに保存したデータ、SNSアカウント、ネットの有料サービスなど、**持ち主の死後残されたこれらを総称して「デジタル遺品」といいます。**

デジタル遺品は次のふたつに分けられます。

□オフライン上のデータ

パソコンやスマホ本体、またはUSBなどに保管したデータです。

撮影またはダウンロードした写真や動画、趣味で書いていた文書、住所録、ボランティアや仕事の資料などがあります。

□オンライン上のデータ

ファイルの種類に関わらず、クラウド上で保管しているデータ。また、SNS、ブログ、ホームページなどのサービスが含まれます。

データに手出しができなくなる

デジタル遺品の処理は「データの削除」と「本体の処分」の二段階です。本体は自治体のルールに沿って処分できますが、本体を処分したからといってオンライン上のデータまで処分できる訳ではありません。

オフラインとオンラインの両方のデータを削除

する必要があります。

オフライン上のデータを削除しないまま本体を譲ったり廃棄したりすると個人情報の流出につながり非常に危険です。

また、本体を処分するとオンライン上のデータとの紐付けが切れてしまったり、反対に紐付けの解除ができないことがあります。すると、データへのアクセスが制限され、オンライン上のデータに手出しができず残り続ける可能性があるのです。

本編26pでも触れましたが、サブスクのような有料サービスでは、銀行口座やクレジットカードから**の引き落としができなくなっても未払いの負債（借金）として残ります。**それらを解除するためにもパソコンやスマホの操作が必要です。

遺言書などで起動パスワードを残し、その他のID・パスワードも残しておきましょう（↓次ページ）。

デジタル遺品

オフライン上のデータ

パソコンス、マホ本体、USBなどに保管したデータ。

オンライン上のデータ

クラウド上に保管しているデータ。SNS、ブログ、ホームページなどのサービス。

↓

確実に処理して個人情報の流出を防ぐ。

➔別冊10p「オンライン・オフラインデータを整理する」

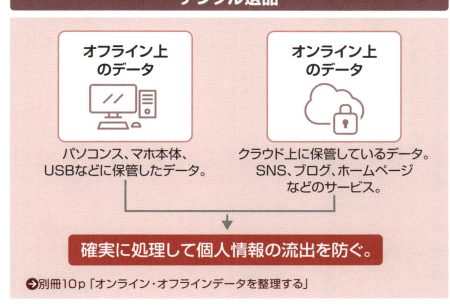

POINT 60

IT IDやパスワードをパソコンで安全に一括管理する方法

ファイルやソフトで管理する

パスワードやIDなどをエンディングノートに記載することに抵抗がある方は、パスワードをかけたExcelファイルで管理してもよいでしょう。

遺言書にパソコン自体を開くID・パスワードと、サービス名やID・パスワードの一覧をまとめたExcelファイル名・パスワードを記しておきます。

反対に、家族に見られたくないデータは、自分にしか分からない別のパスワードを設定しておきましょう。

Excelファイルでパスワードを管理する

遺言書にパスワードについて記載する

「パソコン」➡ ID：SINSEITARO　パスワード：123456
「ID パスワード一覧 .xlsx」➡ パスワード：0987654321

ID パスワードの確認の仕方

①パソコンの ID、パスワードを入力してパソコンを立ち上げる。

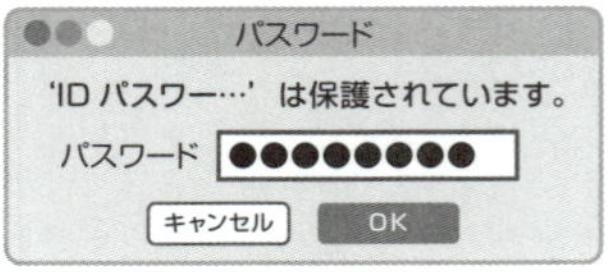

②Excel ファイルのパスワードを入力してファイルを開く。エクセルデータは見つけやすいようにデスクトップに置いておく。

サービス	ID	パスワード
ツイッター	sinsei01	1234
ライン	sinsei02	5678
ブログ	sinsei03	9012

③利用サービス、各 ID やパスワードの一覧が開く。

オンライン上のデータや活動が複数ある場合はExcelで管理すると確実。

第5章

元気なうちに準備しましょう

入院・介護から
お葬式・お墓のこと

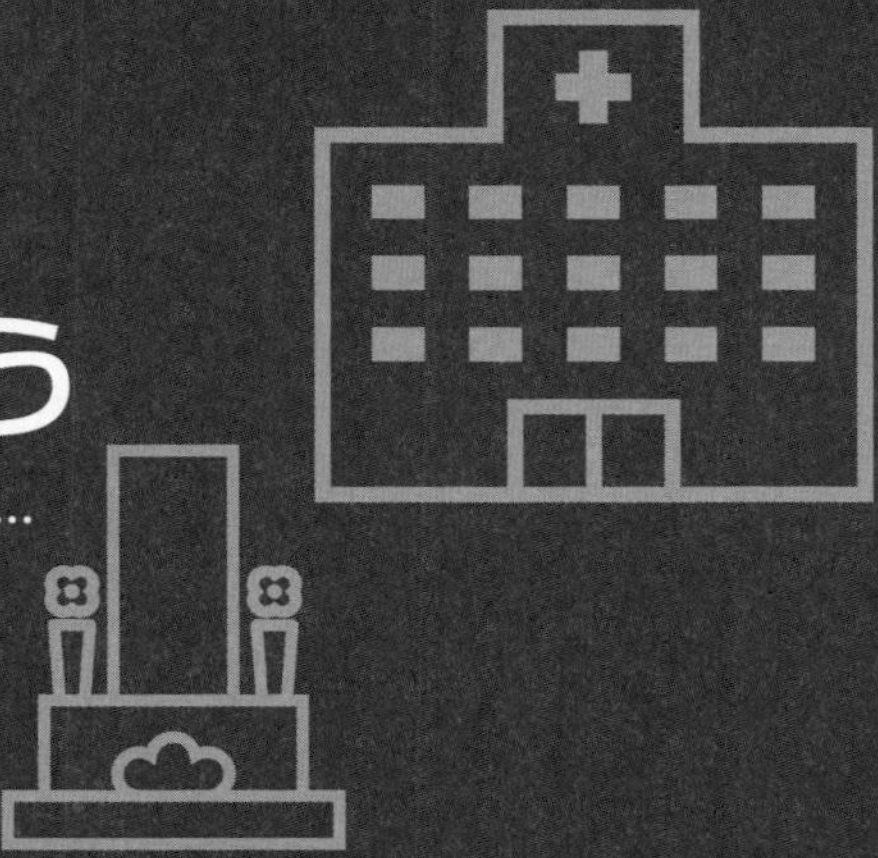

入院・介護、葬儀は必ず「来る」から後回しにせず真剣に向き合いましょう

☑「自分は大丈夫」と過信しない

第5章では「入院・介護、お葬式・お墓」について解説します。

「運動や食事に人一倍気を遣って年齢の割に健康」「ピンピンコロリで逝くから大丈夫」と、入院や介護について全くノープランの方もいます。

しかし、病気やケガ、事故は予測できるものではありません。なにより「入院・介護」は当人はもちろん家族にも大きく影響を及ぼします。

入院したときの治療の希望（→本編152p）、判断能力が低下したときの財産管理（→本編160p、→本編163p）など、家族の負担を軽減しながら自

もしも
転倒して寝たきりになったら
元気なうちに「もしも」のときのことを考えましょう。
もしも
突然亡くなったら

分の希望も叶えられるように準備しておきたいものです（別冊18〜21p）。

☑「最期」を自分でデザインする

「人生の最期の過ごし方」だけでなく、ぜひ葬儀やお墓についても考えておきましょう。

日本人は「死」にまつわる話題をタブー視しがちです。「縁起でもない」「気分を害されるのでは」と、配偶者や子供は「死」にまつわる話題を避ける傾向があります。

だからこそ、**あなたの「お葬式・お墓」について考えられるのはあなただけなのです。**

あなたの人生への理念を反映させた、お葬式やお墓のあり方をイメージし、エンディングノートに書き残しておきましょう（別冊22p）。人生の締めくくりを、他の誰でもない自分自身でデザインするのです。

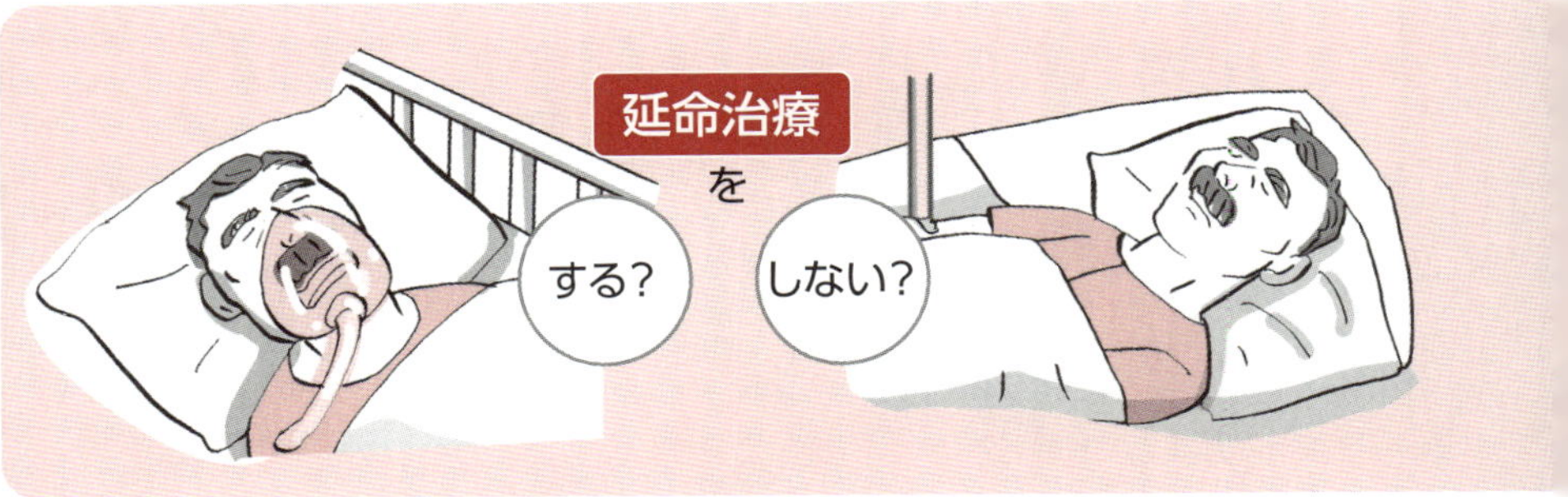

POINT 61

延命治療、終末期医療への希望をまとめておきましょう

「突然、倒れた」に備えておく

急に体の具合が悪くなり、救急車を呼ぶような事態が起こるかもしれません。そのようなとき、以前入院した病院へ搬送してほしいなど、希望することがあると思います。

いざという時のために、それらをエンディングノートに整理しておきましょう（別冊20p）。

延命治療、終末期医療の意向を示す

近年、回復の見込みがない状態に陥ったとき、延命治療をしてほしくないと考える人が増えています。もしも延命治療を望まないのならば、その意思が尊重されるように文書で残しておきましょう（別冊19p）。

延命治療に関する決断を迫られる場面では、もはや意思を伝えられない容態かもしれません。だからといって家族に決断を委ねることになったら、大きな葛藤と苦痛を強いることになります。

じっくり考えられる能力があるときに、延命治療だけでなく終末期医療への希望も考えておくとよいでしょう。

終末期とは医療で改善が見込めない状態で、余命数か月と判断された段階のことです。

そのため、延命のための治療はおこないません。痛みや不快感を取り除くことに主眼をおきます。

医療施設での医療・ケアの方針決定の手順

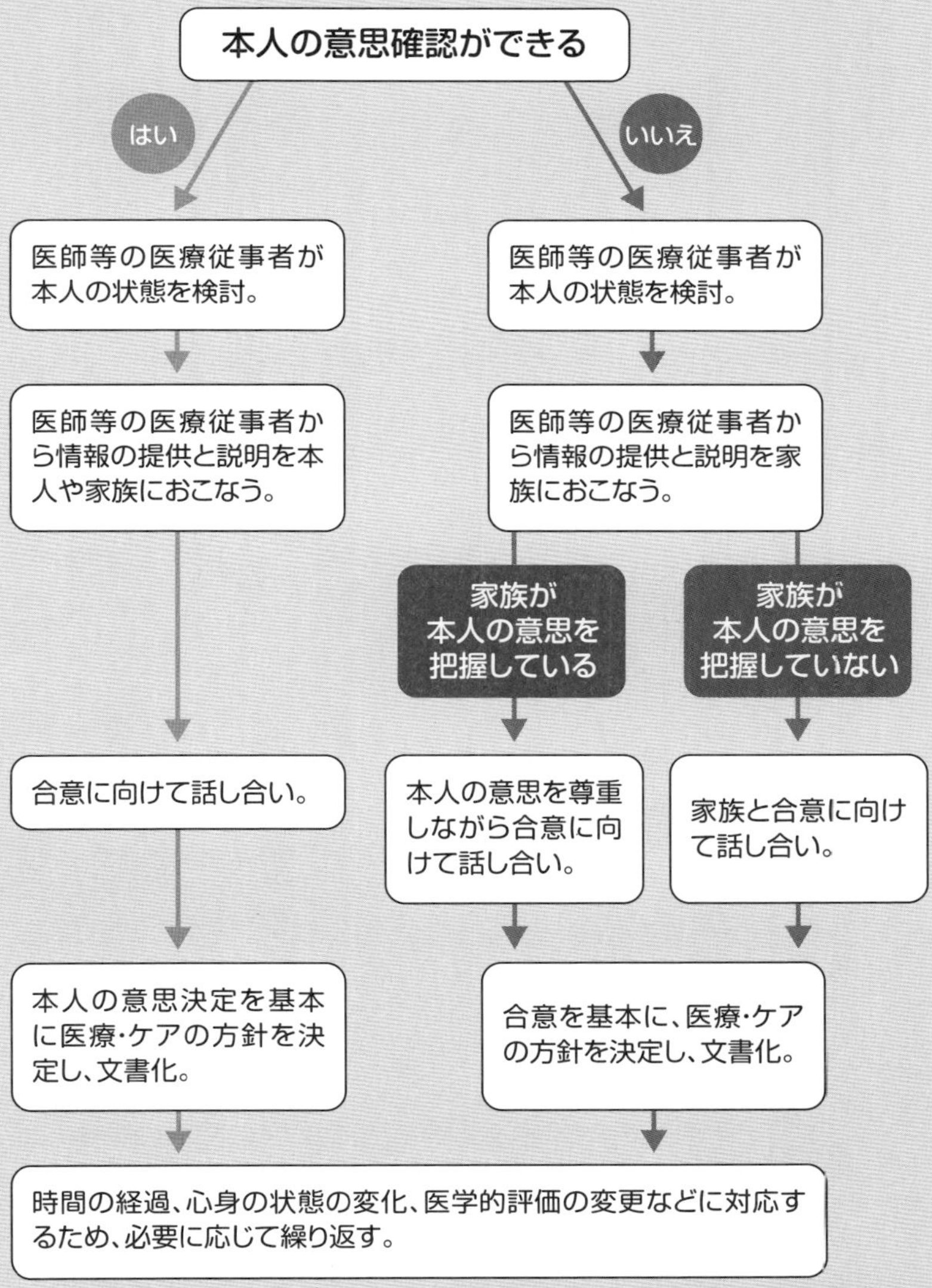

医療従事者との打ち合わせの際に、自分の意思をまとめておくとスムーズ。一度決めたら変えられない訳ではない。気持ちの変化があったら改めて話し合いの場を設ける。

➔別冊19p「延命治療、臓器提供について」

POINT 62

病歴、治療中の病気は一覧にし「お薬手帳」は一冊にまとめておきます

▼病歴等が不確かでは治療効果が下がる

新患で病院にかかる際は、過去の病歴、治療中の病気、服用中の薬、アレルギー等について問診票への記入を必ず求められます。**体の状態を正確に知らせることは、有効な治療を受けるための第一歩なのです。**

自分のこととはいえ毎度記憶をたどるのは結構な手間なので、一度エンディングノートにしっかりまとめておくとよいでしょう（➜別冊18p）。

▼薬の情報は一元化しないと意味がない

整形外科、内科、眼科と複数の病院にかかっていると、それぞれの病院の近くにある薬局ごとに「お薬手帳」を作ってしまっているケースがあります。

お薬手帳は薬の情報を一元管理することが目的です。記録が分散されていると正確な情報を医療従事者に伝えることができず、治療効果に影響を及ぼす可能性もあるのです。

例えば、薬によっては飲み合わせが悪い場合もあります。また、各薬局間で処方状況が共有されていないため同一成分の薬を処方されてしまい、過剰摂取による副作用があらわれる危険もあるのです。せっかくの情報を有効化するためにも、お薬手帳は一冊にまとめておきましょう。

お薬手帳のメリット

□過去の薬の服用歴や他の薬局で処方された薬も把握できるので
→薬の飲み合わせトラブルを避けられる。
→重複して処方することを避けられる。
→過剰摂取を避けられる。

□入院時の薬の処方の参考になる。

□震災時など非常時にも処方が可能。

□1回につき10～40円ほど安くなる（加入保険の種類や処方頻度によって異なる）。

メリットを確実に得るために

- お薬手帳は一冊にまとめる。
- 旅行や外出時には持参する。
- 分かりやすく取り出しやすい場所に保管しておき、保管場所を家族に伝えておく。

お薬手帳のアプリもあるが、他人がアクセスするにはスマホのロック解除が必要となる。

Column

一番のかかりつけ医を決めよう

高齢になるに連れ、整形外科、内科などいくつもの病院・医者にかかることになります。そのなかから一番信頼できるお医者さんをメインのかかりつけ医としましょう（➔別冊 18 p）。

その条件は、患者に真摯に向き合っていて、最新の医療情報に明るいことです。医療の発達スピードはとても速く、どんどん進歩しています。万が一、大病を患ったとき、最新医療を取り入れている大きな病院に繋げてもらう必要がありますが、それは患者に対して親身で、常に勉強を続けている医師でなければできません。

POINT 63

自宅を短期間(一〜二か月)空けるときの不安を解消しましょう

警備会社なら「お任せ」も可

定年後の夢だった夫婦での海外旅行、キャンピングカーでの国内温泉巡りの旅といったイベント的なケースのほか、入院治療で一、二か月も自宅を空けることもあるでしょう。

自宅が一時的に「空き家」になると、空き巣被害、漏電や漏水などのトラブルが心配です。

子供達が近所にいるのなら定期的に通ってもらう方法もあるでしょう(➔別冊20p)。**防犯面の機能を重視するのなら、民間警備会社が提供するセキュリティサービス**もあります。防犯・防災の両面をサポートしてくれます。

事前に準備しておきたいこと

お付き合いがある近所の方に、しばらく留守にすると伝えておくと、それとなく室内外の様子を気にしてくれます。マンションならば管理人には必ず伝えておいてください。

コンセントとプラグの間にたまった埃が発火して火災が発生する「トラッキング」を防ぐためにも、使用しない家電のプラグは抜いておきます。一か月程度なら電気・ガス・水道などをわざわざ止める必要はありません。

当然ですが、出かける前の火の元・戸締まりは念には念を入れて確認しておきましょう。

安心して家を空けるために

事前の準備

- □親族に定期的に様子見してくれるよう依頼。または警備会社との契約を検討。
- □ご近所(管理人)に不在の連絡。
- □各種手続きを下の表を参考に進める。

出発当日

- □プラグを抜く。
- □ガスの元栓をはじめとする火の元や戸締まりの確認。
- □洗濯機につながる水栓を締める。　など

普段の外出よりも防災・防犯への備えを厚くする。

各種サービスの中断・解約等の手続きの例

種類	手続き	備考
電気	冷蔵庫などを稼働した状態にしておくなら解約はしない。	停止・開通立会不要。
水道	親族が定期的に来るなら掃除やトイレに必要なので解約しない。	長期間使用しないと水道管が錆びる。
ガス	止める・再開するそれぞれ電話で手続き可能(東京ガス)。年間契約の場合、一時的な閉栓はできない(TEPCO)。	閉栓時は立会不要(会社による)。開栓時は立会必要。
新聞	販売店に配達中止の申し入れ。	ポストに新聞が溜まっていると長期間留守であることが知られ防犯上危険。
郵便物	入院などの場合は病院へ転送手続きをする。「不在届」を出せば郵便物は最長30日保管され、届出期間終了後にまとめて配達される。	転送手続きはインターネットでも可能。「不在届」は郵便局でおこなう。
固定電話	休止期間によって、利用休止(再開時に電話番号が変わる)、一時中断(再開時に同じ電話番号)、解約(再利用の予定なし)のいずれかの手続きをする。	電話を止める・再開する際はそれぞれ工事費がかかる。
光回線	フレッツ光の場合、契約解除のみで一時休止の対応はない。	契約期間によっては違約金が発生することも。

郵便物や新聞などがポストに溜まっていると長期不在であることが分かってしまう。1か月近く不在にするなら手続きしておく。その他は中断・再開の手間から検討する。

POINT 64

施設入所などで残した我が家が「空き家」になるのは避けましょう

宙ぶらりんの家＝空き家

空き家には次の四種類があります。

①売却用…販売中の空き家。不動産会社が管理。

②賃貸用…未入居の空き家。不動産会社が管理。

③二次利用…別荘など。所有者が管理。

④①〜③以外…所有者が管理。

総務省の調査によると総住宅数に占める空き家の割合は調査の度ごとに上昇していて、二〇二三年には一三・八パーセントで過去最高を記録しています。

増加しているのは②④で、とくに問題なのは④の空き家です。今後、高齢化が進むにつれ、さらに増加すると懸念されています。

高齢住民が施設に入所してしまうと、主が去ったまま家だけが取り残されてしまいます。売られるでもなく賃貸に出されるでもなく、宙ぶらりんの状態で、誰がどのように管理するか曖昧なまま、建物の老朽化が進んでいくのです。

「空き家」とみなされると悲しい末路

子供達が住み継ぐ可能性がないのなら、自分が出たあとの家をどうしてほしいのか書き残しておきましょう（➡別冊9p）。

賃貸か売却かなど明確な意思表示があれば「親の帰る場所がなくなる」と、子供達も逡巡するこ

空き家指定から強制撤去まで

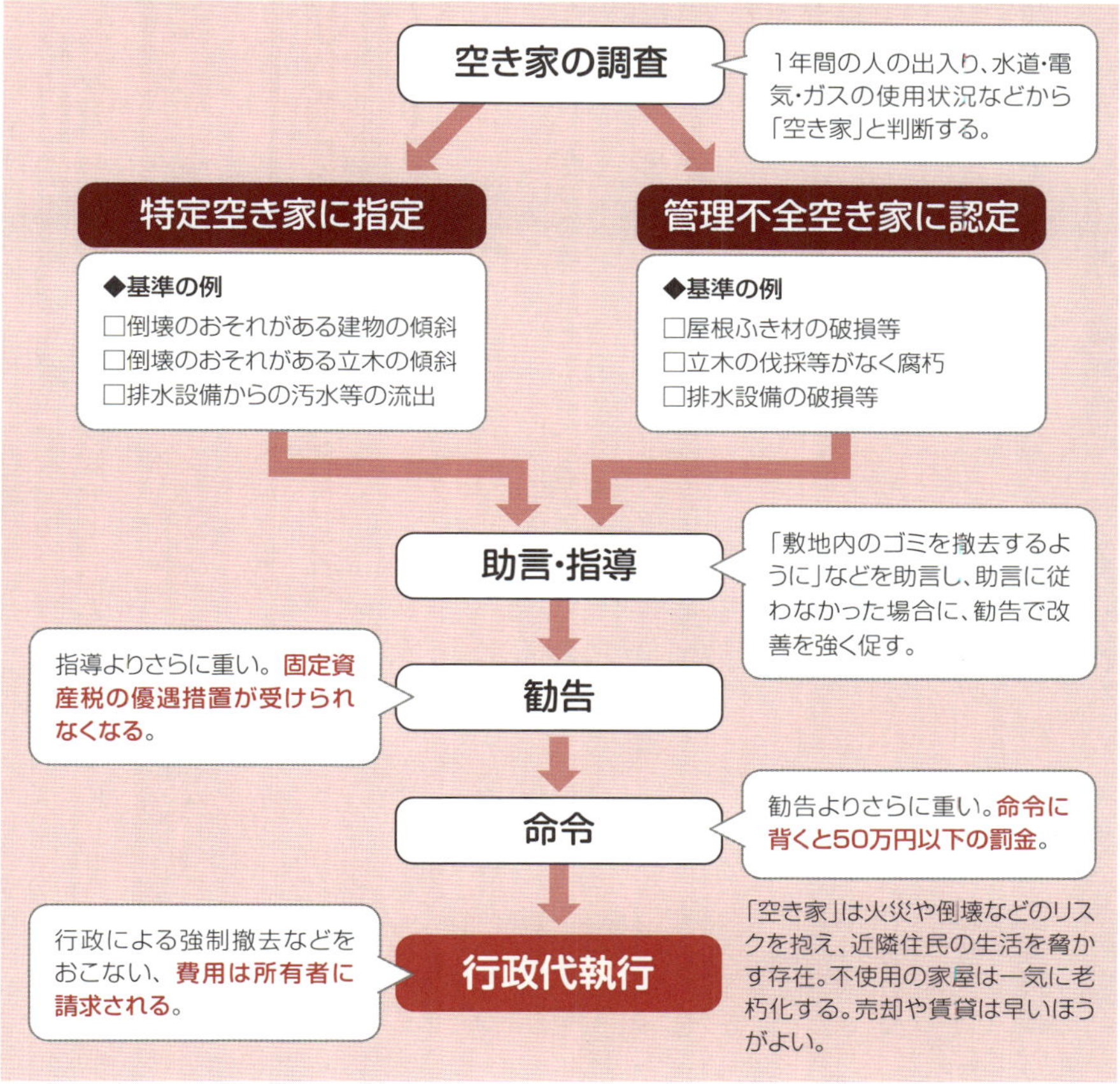

となく対処ができます。家が「管理不全空き家」や「特定空き家」とみなされてしまうと、固定資産税が三倍〜六倍になり、五〇万円以下の罰金が科され、果ては強制撤去されてしまうこともあるのです。

取り壊し費用は所有者に請求されますから、「家のその後」はあなたの責任のもとに決めておきましょう。施設入所などで戻らない場合は、自分で売却の手続きをすれば子供達に迷惑がかかりません。

POINT 65

認知能力の低下をカバーし財産を守る「成年後見制度」

判断力の低下と犯罪に合うリスク

七〇歳代以降になると、入院・施設入所、介護サービスの手続き、自宅や財産の処分など、避けられない大きな決断を迫られるときが度々やってきます。

しかし、年齢を重ねるにつれ、理解力や判断能力がおぼつかなくなるものです。

若い頃はスラスラ読めた文章も老眼のせいでスムーズには読み進められず、さらに契約書などは見慣れない単語も多いので正確に理解するにはかなり時間がかかるものです。

また、振り込め詐欺、高額商品の強引な契約など、判断力の低下につけこんだ悪意にさらされるリスクも上がります。

これらの不安を解消し、種々の被害を未然に防ぐ方策のひとつに「成年後見制度」があります。

財産管理、協議などの不安が増大

成年後見制度は知的障がい・精神障がい・認知症などで、財産の管理や各種契約・手続きがスムーズにおこなえない方を成年後見人等（成年後見人・保佐人・補助人）がサポートする制度です。

成年後見人等は誰でもよい訳ではなく、次のいずれかの条件に合うことが条件です。

□家族や親戚

□福祉の専門家
□法律の専門家
□研修を受けた地域の人
□後見をする法人

成年後見人等は、預貯金通帳や印鑑を預かり、家賃や光熱費の支払いを自動引き落としに変更したり、医療費や介護サービス費の支払いをしたりといった財産の管理をします。

また、介護サービスの協議をし、契約を結んだり、介護施設を探して入所の契約を結んだりすることもあります。

このように、**本人のためになることをおこない不利益を被らないようにサポート**するのが成年後見人等の役割です。

▼本人の状態で該当する制度が異なる

成年後見制度には「法定後見制度」と「任意後見制度」があります。

□法定後見制度

家庭裁判所が成年後見人等を選任します。判断能力に不安がある人が対象となり、原則的に途中で制度の利用をやめることはできません。

成年後見人等に決定したら、その権限は法律で定められているため、すぐに財産管理や介護施設の入退所の契約などが可能となります。

□任意後見制度

本人が任意後見人をあらかじめ選ぶことができ、依頼内容について任意後見契約を結びます。家庭裁判所は成年後見監督人を選任します。本人の判断能力が低下する前に契約することが可能なので、契約内容も自由に決めることができます。

後見人と契約したときは、エンディングノートに連絡先を記入しておきましょう（➜別冊20p）。

「法定後見制度」と「任意後見制度」

法定後見制度		任意後見制度
家庭裁判所が選任した成年後見人等が対象者を支援する。	どんな制度?	本人があらかじめ任意後見人に委任する内容を決める。
判断能力が不十分になった人。	対象となる人は?	十分な判断能力がある人。
本人、配偶者、四親等内の親族、検察官、市町村長など。	申立人は?	本人、配偶者、四親等内の親族など。本人以外が申し立てする場合は本人の同意が必要。
一定の範囲内で代理できる。本人が締結した契約を取り消すことができる。	後見人ができることは?	委任された内容。本人が締結した契約は取り消せない。
後見人がすぐに財産管理できる。	メリットは?	本人が自由に委任内容を決定し、任意後見人を選べる。
原則、途中でやめられない。親族以外が後見人に選任されることがある。	デメリットは?	公証役場、家庭裁判所等の手続きが煩雑。

成年後見制度には「法定後見制度」と「任意後見制度」があり、元気なうちに自分で手続きをするなら「任意後見制度」。

法定後見制度は「後見」「保佐」「補助」の3つ

本人の判断能力	該当する制度	成年後見人等ができること
判断能力が欠けている。	後見	契約等は成年後見人等の同意が必要。契約後に取消可能。
判断能力が著しく不十分。	保佐	借金、訴訟、相続の承認・放棄、新築、増改築は成年後見人等の同意が必要。
判断能力が不十分。	補助	家庭裁判所が定める特定の法律行為には成年後見人等の同意が必要。

本人の状態に応じて３つの制度のうちのいずれかを選ぶ。

制度が運用されるまで

法定後見制度

申立人が家庭裁判所に相談。

↓

家庭裁判所による調査（本人の鑑定をおこなうこともある）。

↓

後見等の開始の審判。成年後見人等を選任。

↓

選任後、原則2か月以内に財産目録及び収支予定表を家庭裁判所に提出。

↓

年に1回、本人の生活や財産状況を家庭裁判所に報告。

任意後見制度

任意後見契約締結（公正証書）。

↓

任意後見契約登記。

↓

申し立てに必要な以下の書類を準備。

- □申立書
- □本人の戸籍謄本（全部事項証明書）
- □任意後見契約公正証書の写し
- □本人の成年後見等に関する登記事項証明書
- □本人の診断書
- □本人の財産に関する資料　など

↓

申立人が家庭裁判所に任意後見監督人選任の申し立て。

↓

任意後見監督人選任。任意後見契約の効力スタート。

手続きの際には収入印紙のほか、鑑定料などが必要になる。

POINT 66

「お金はあるのに払えない」そんな事態は「家族信託」で防げます

「使えない財産」はストレスなだけ

突然の入院や長期にわたる介護では、まとまったお金が必要です。そんなとき家族を最も困らせるのが**「本人に財産はあるのに必要な費用を準備できない」ケース**です。

支払いが滞ると遅延金の発生といった金銭的デメリットに加え、家族の信用問題に発展する可能性もあります。

不動産や預貯金などの管理・処分を家族に託すことができる「家族信託」で、財産を適切に活用できるようにしましょう。

自分が持っている預貯金や不動産などの管理や処分を家族に託すのが「家族信託」です。

前節の成年後見制度は親族が後見人に選ばれないこともあるうえ、財産の管理や処分には制限が設けられています。

一方、家族信託は、信頼できる家族に財産の管理を任せられることや、成年後見制度に比べて財産の取り扱いに関して自由度が高い点もメリットです。

相続でゴタゴタしない

家族信託契約で財産の管理を任せる人物を明確にすることで遺言的な効力を持たせることもできます。

「家族信託制度」の仕組み

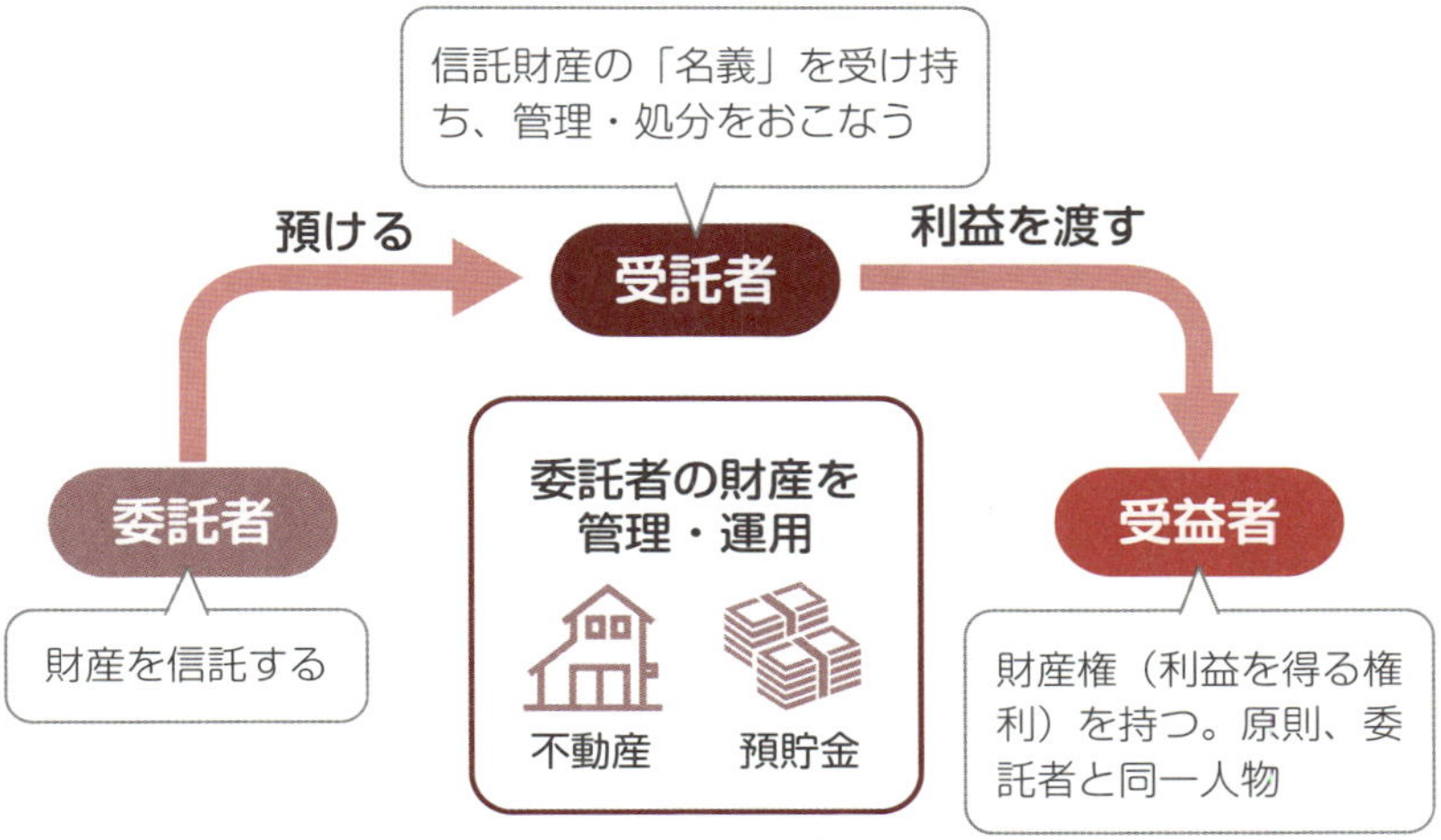

委託者の判断能力が衰えても財産の管理・処分に影響が出ない。

「成年後見制度」「家族信託制度」「家族」のできること

	成年後見	家族信託	家族
入院の手続き	できる	（家族として）できる	できる
介護施設入所の手続き	できる	（家族として）できる	できる
財産管理（預貯金の引出し、振込みなど）	できる	できる	できない（現実としては預金の引出しなどはおこなわれている）
賃貸住宅の契約	できる	できる	できない
自宅の売却	できない（裁判所の許可があればできる）	できる（後ほど問題にならないような合理的理由があれば）	できない
本人が契約したものの取り消し（高額品など）	法定後見人はできる 任意後見人はできない	できない	できない
財産の運用（投資など）	できない	できる	できない

POINT 67

医療費は悩みの種だから①

「高額療養費制度」を知っておきましょう

▼医療費は絶対にかかるもの

生前整理をおこなううえで、子供へ遺産や贈与する前に、自分達の老後の生活費は確保しておかなければなりません。

厚生労働省の調査では六〇歳代以上の約六割が通院しているとのことです。つまり、高齢になれば医療費や介護費を考慮して老後資金を考える必要があります。

大きな金額が予想される医療費ですが、その負担を軽減する制度として、「高額療養費制度」と「医療費控除」（→本編168p）があります。

これらの制度を利用すれば、高齢になってからかかる医療費の上限を、ある程度計算できます。

▼上限を超えた額が戻ってくる

医療機関や薬局でかかった医療費が、一か月（月の初めから終わりまで）で上限額を超えた場合、超えた額が支給されるのが「高額療養費制度」です。

上限額は年齢や所得によって決められており、入院時の食費や差額ベッド代は含まれません。

加入している公的医療保険に手続きをすると、通常三か月ほどで上限を超えた額が戻ってきます。

なかなか体調が戻らず手続きができなかったとしても、診療を受けた月の翌月から二年間は申請可能なので安心してください。

「高額療養費制度」の上限額

●70歳以上

適用区分		外来（個人ごと）	ひと月の上限額（世帯ごと）
現役並み	年収約1160万円〜 標報（※1）83万円以上／課税所得（※2）690万円以上	25万2600円＋ （医療費－84万2000）×1%	
現役並み	年収約770万円〜約1160万円 標報53万円以上／課税所得380万円以上	16万7400円＋ （医療費－55万8000）×1%	
現役並み	年収約370万円〜約770万円 標報28万円以上／課税所得145万円以上	8万100円＋ （医療費－26万7000）×1%	
一般	年収156万〜約370万円 標報26万円以下／課税所得145万円未満等	1万8000円 （年14万4000円）	5万7600円
住民税非課税等	Ⅱ住民税非課税世帯	8000円	2万4600円
住民税非課税等	Ⅰ住民税非課税世帯 （年金収入80万円以下など）	8000円	1万5000円

同じ月の別の医療機関等（院外処方代を含む）での自己負担を合算できる。ひとつの医療機関等での自己負担が上限額を超えなくても、別の医療機関との合算額が上限額を超えれば、高額療養費の支給対象となる。後期高齢者医療の場合、「一般」が2分割され、条件が少し異なる。

（※1）標報：健康保険の標準報酬月額のこと。

（※2）課税所得：収入から配偶者控除などを差し引いたあとの所得のこと。

Column

高額療養費制度が使えない治療

公的な保険医療の対象から外れている先進医療があります。がんになったときにおこなわれる重粒子線での治療などがその代表でしょう。

このような公的な保険医療の対象から外れた先進医療は、全額自己負担で高額療養費制度の対象からも外れています。

これをカバーしているのが、民間の医療保険です。民間の医療保険は、入院や手術をしたらいくらなどの形で給付されるもので、次節で解説する生命保険の特約として契約されているケースもあります。先進医療の保障も特約として契約するものなので、自分が加入している保険の保障内容について把握しておきましょう（→次節も併せて参照）。

POINT 68

医療費は悩みの種だから②

「医療費控除」を知っておきましょう

税金が還付される制度

前節の「高額療養費制度」は上限額を超えた医療費を払い戻すものです。

一方、「医療費控除」は医療費の負担が大きかった場合に確定申告をすることで、所得税などの税金が還付される制度です。この制度も老後の資金計画を助けますので把握しておきましょう。

併用できない制度がある

医療費控除で対象になるのは一月一日から一二月三一日までに、「実際に」支払った医療費です。年末に請求があって支払いがまだの医療費は含まれません。

医療費として認められるのは「病状などに応じて一般的に支出される水準を著しく超えない部分の金額」と定められています。

健康診断や人間ドックなどの費用は対象外ですが、その結果、重大な病気が発見されて治療を受けた、または保健指導を受けた場合は、医療費控除の対象となります。

さて、特定の医薬品を購入したとき、確定申告をすると所得税・復興特別所得税が還付される「セルフメディケーション税制」という制度があります。この制度と医療費控除は併用できないので、どちらを利用するか選ばなくてはいけません。

「高額療養費制度」と「医療費控除」

	高額療養費制度	医療費控除
管轄	公的医療保険（健康保険組合・協会けんぽの都道府県支部・市町村国保・後期高齢者医療制度・共済組合など）。	税務署。
対象	年齢・所得によって上限額が異なる（→167ｐ表参照）。	支払った医療費が10万円以上が目安。 総所得金額等が200万円未満なら、総所得金額等の5%。
手続き	加入している公的医療保険に申請。	確定申告。
手続き後に	上限額を超えた医療費の払い戻し。	所得税・復興特別所得税の還付。
対象期間	月初～月末の1か月。	1/1～12/31の1年間。

「医療費控除」の概要

その年中に支払った医療費 － 保険金などで補填される金額 － 10万円または所得金額の5%（どちらか少ない額） ＝ 医療費控除額（最高200万円）

確定申告の際には、医療費控除の明細書、または医療費通知を添付する。

●医療費控除の対象・対象に含まれないもの

医療費控除の対象	控除の対象に含まれないもの
□医師、歯科医師による診療や治療。 □治療のためのあん摩マッサージ指圧師、はり師、きゅう師、柔道整復師などによる施術。 □助産師による分べんの介助。 □医師等による一定の特定保健指導。 □介護福祉士等による喀痰吸引等。 □保健師や看護師、准看護師による療養上の世話。 □治療や療養に必要な医薬品。 □病院、診療所または助産所などへ収容されるための人的役務の提供。	□容姿を美化し、容ぼうを変えるなどの目的でおこなった整形手術。 □健康診断や人間ドックの費用。 □タクシー代（電車やバスなどの公共交通機関が利用できない場合を除く）。 □自家用車で通院する場合のガソリン代や駐車料金。 □治療を受けるために直接必要としない、近視、遠視のための眼鏡、補聴器等の購入費用。 □親族に支払う療養上の世話の対価。 □疾病の予防または健康増進のために供されるものの購入費用（予防接種やサプリメント等の費用を含む）。

医療費控除により軽減される税額は、適用される税率により異なる。

POINT 69

生命保険・医療保険の基本①
保険金を受け取れないこともあります

まずは契約内容を正確に把握

生命保険はベースとなる「主契約」だけでも契約できますが、オプション的な「特約」を組み合わせることもできます。

生活設計や家族構成を考慮して主契約や特約を吟味したはずですが、年月が経つと内容が曖昧になっている可能性はあります。

とくに危険なのは**「入院時にも保障があったはず」と、ありもしない保障があると思い込んでいるケース。**

元気なうちに自分自身が契約している保険の主契約・特約の保障内容を確認しておきましょう。

保険料の支払いルールを把握

保障が受けられる期間を「保険期間」といいます。保険期間は一定期間だけの「定期型」と、一生涯カバーする「終身型」があります。

定期型の場合、保険料は契約の終了まで。更新ができる場合は保険料が上がります。

終身型の場合、一生涯保険料を払い込む契約もあれば、決められた年齢まで払い込んで保障は一生涯継続というパターンもあります。

保険料の払い込みが遅れると契約が失効して保険金や給付金が受け取れなくなってしまいますから、契約している保険はいつまで支払いが必要なのか認識しておきましょう。

保険金や給付金が受け取れないケース

契約時には「告知」が必要ですが、その告知が事実と異なると主契約や特約が解除されることがあります。

また、契約前の病気やケガが原因で入院・手術をした場合は給付金を受け取れません。

その他、**保険会社が定めた「免責事由」に該当する場合も保険金や給付金は支払われません。**

保険金や給付金が受け取れないケース

- □契約から時間が経っているため、契約内容を勘違いしている。
- □保険料の払い込みが遅れて契約が失効。
- □契約時の「告知」が正しくなかった。
- □契約前の病気やケガが原因の入院や手術。
- □**免責事由**にあたる場合。

免責事由の例

以下のようなケースでは保険金や給付金は支払われない。

□酒気帯び運転・無免許運転による入院や手術。

□保険金や給付金目当てでわざと事故を起こした。

□契約後、一定期間内（通常2～3年）に被保険者が自殺した。

□戦争、外国の武力行使、革命など。

主契約・特約の保障内容を正確に把握しておくこと。

POINT 70

生命保険・医療保険の基本②

手続きを代行する人を決めましょう

保障が曖昧なら問い合わせを

入院、手術、ケガなどのトラブルに見舞われたら、加入している保険でカバーできるか契約内容を確認しましょう。

契約内容がはっきりしない場合は保険会社へ連絡をしましょう。曖昧な場合でも「たぶん該当しないだろう」と自己判断せずに問い合わせることが大切です。

このような万が一のときのために保険の内容を事前に確認しておきましょう。医療保険だけでなく生命保険についてもエンディングノートにまとめておきましょう（別冊6p）。証書の場所も記しておくと家族は安心です（別冊27p）。

特約で指定代理請求制度をつけておく

被保険者本人が病気やケガの影響で意思疎通が困難なこともあるでしょう。また、ガンの告知を本人が望んでいないと、ガンになってもその事実を知らないので「ガン保険」の請求ができません。

「指定代理請求制度」は、被保険者本人の代わりに代理人が請求手続きできる制度です。制度を利用するためには、契約時に特約をつける必要があります。この特約は一般的に追加保険料は不要。契約後に代理人を指定することもできるので、もしもに備えて指定しておくとよいでしょう。

保険金や給付金の請求手続き

病気、ケガ、通院、
入院等が発生

↓

保険でカバー
できるか確認

↓

保険会社へ連絡

準備するもの
□保険証券
(➔別冊27p)

↓

保険会社から書類到着

届く書類
①請求書
②診断書用紙

↓

書類の準備
①請求書→記入
②診断書用紙→医師に作成依頼
③住民票→役所で請求　　など

↓

書類提出

↓

給付金の受け取り

高齢になると手続きが困難になる可能性があるので指定代理請求制度が使えると安心。

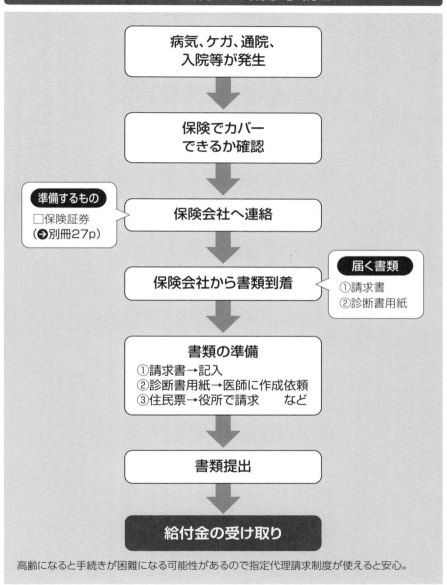

POINT 71

介護保険の基本①
公的サービスを受けるための手続き

要介護度を決める

介護が必要な状態になり公的サービスを受ける必要が出たら、市区町村の窓口で要介護認定の申請をすることになります。

申請後には、認定調査、医師の意見書による一次判定、その後、介護認定審査会による二次判定を経て「要介護度」が決定します。

判定された「要介護度」によって、受けられるサービスが決まります。要介護度をベースにして「サービス計画書（ケアプラン）」を作成し、その内容に沿ってサービスがスタートします。申請からサービス開始までは、およそ一か月ほどです。

要介護認定されなかったら

要介護認定は二次判定まであり、慎重に状態を確認するので、結果的に「非該当」とされることもあります。

ただし「非該当」だからといって一切サービスが受けられない訳ではありません。状態に応じた生活支援サービスが受けられることもあります。「地域包括支援センター」はさまざまな情報を持っており相談にものってくれます。介護が必要な状態になったら相談してみましょう。

また、介護に関する希望をエンディングノートにも記しておきましょう（➡別冊21p）。

介護保険の申請からサービスを受けるまで

申請から認定まで原則一か月

要介護認定の申請
□「介護保険被保険者証」を持って市町村の窓口へ。

↓

認定調査・主治医意見書
□市区町村等の調査員が自宅や施設等を訪問。
□市区町村が主治医に「主治医意見書」を依頼。
□主治医がいない場合は市区町村の指定医が診察。

↓

審査判定
□一次判定（認定調査・主治医意見書をコンピュータで判定）。
□二次判定（要介護認定審査会が一次判定と主治医意見書を参考に判定）。

↓

認定
□申請者に結果を通知。
□新規、変更申請は原則6か月。
□更新申請は原則12か月。

介護保険が受けられる人
□65歳以上（第1号被保険者）→要介護や要支援状態の人。
□40歳～64歳までの（第2号被保険者）→特定疾病などで要介護や要支援状態の人。

身体状態の目安
□要支援1
（社会的支援が必要）。
□要支援2（要介護1より状態の維持や改善が見込める）。
□要介護1（生活の一部で部分的に介護が必要）。
□要介護2
（軽度の介護が必要）。
□要介護3
（中等度の介護が必要）。
□要介護4
（重度の介護が必要）。
□要介護5
（最重度の介護が必要）。

↓

介護（介護予防）サービス計画書（ケアプラン）の作成

要介護1以上
介護支援専門員（ケアマネジャー）のいる市区町村の指定を受けた居宅介護支援事業者（ケアプラン作成事業者）に依頼。

要支援1～2
地域包括支援センターに相談。

↓

サービススタート

要介護1以上
□介護給付（介護サービスを受ける）。

要支援1～2
□予防給付（介護予防サービスを受ける）。

POINT 72

介護保険の基本②
自己負担割合を知っておきましょう

介護度や希望によって決まるケアプラン

利用者の介護度を考慮し、利用者本人の希望を取り入れながら、介護（介護予防）サービス計画書（ケアプラン）は組み立てられます。

家での暮らしをサポートする「在宅サービス」、専門の施設を利用する「施設サービス」、住み慣れた場所での暮らしを支援する「地域密着型サービス」などのサービスが受けられます。

上限を超えた支払いは申請で戻ってくる

介護サービス利用料は一律ではありません。所得や同居人の有無によって、負担の割合は一～三割に設定されています。

さまざまなサービスを利用すると利用料も高額になってしまいますが、一か月の自己負担額は利用者の前年の所得に応じて上限が定められています。上限を超えて支払った分は申請をすると「高額介護サービス費」として支給されます。

ただし、例外があります。例えば、在宅サービスは介護保険で利用できる上限額が決まっていて、それを超える分は全額自己負担になり、その分は高額介護サービス費の対象から外れます。ケアプラン作成時に注意が必要です。

高齢になると医療費だけでなく介護費もかかります。これらも老後資金の計算に加味しましょう。

自己負担割合は所得に応じて1～3割（65歳以上の第1号被保険者）

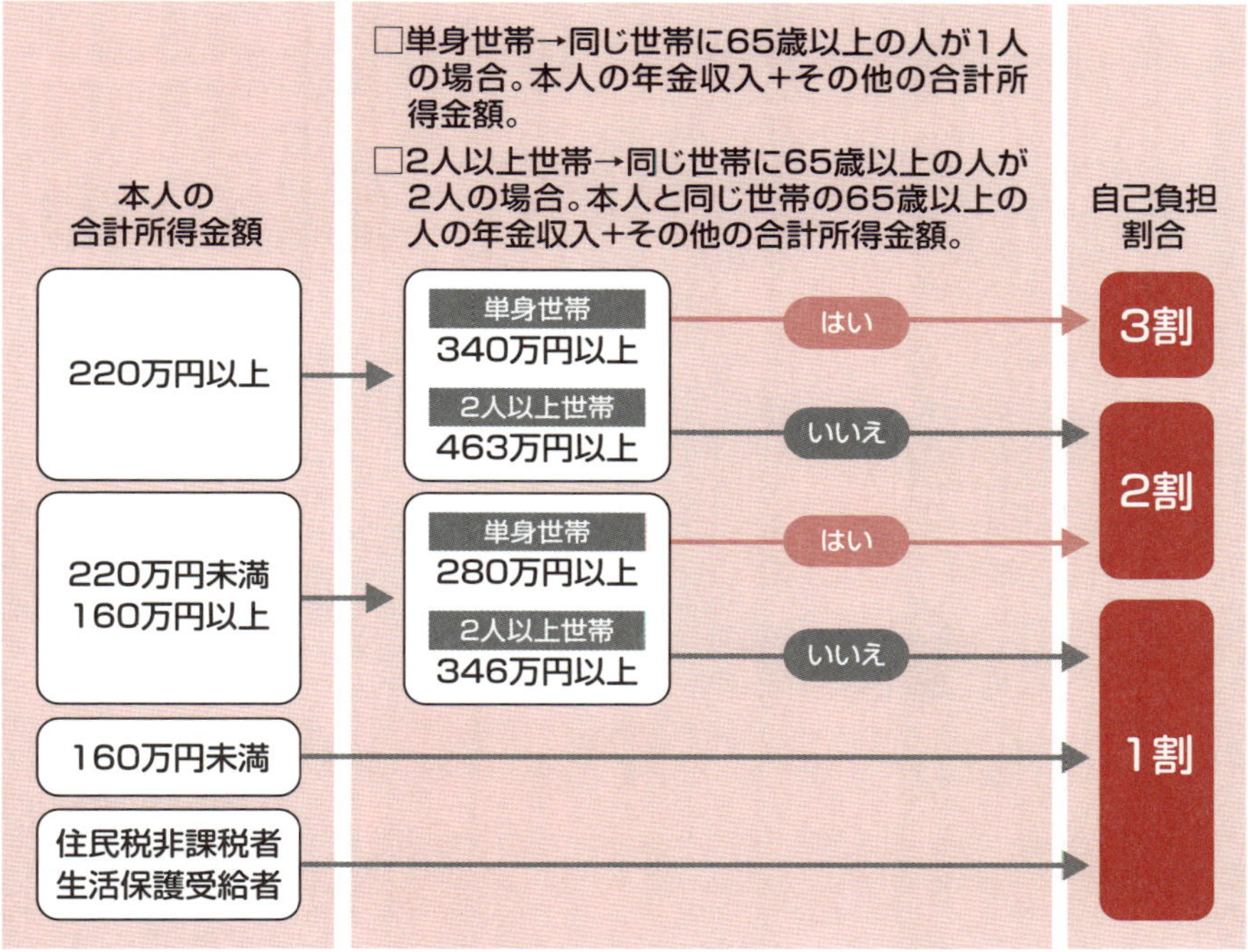

合計所得金額とは、収入から公的年金等控除などを差し引いた後で、基礎控除や配偶者控除などを差し引く前の金額。

高額介護サービス費における負担限度額

区分	限度額
課税所得690万円以上（年収約1160万円以上）	14万100円（世帯）
課税所得380万円以上690万円未満（年収約770万円以上約1160万円未満）	9万3000円（世帯）
住民税課税～課税所得380万円未満（年収約770万円未満）	4万4400円（世帯）
世帯の全員が住民税非課税	2万4600円（世帯）
前年の公的年金等収入額＋その他の合計所得金額が80万円以下	2万4600円（世帯） 1万5000円（個人）
生活保護受給者	1万5000円（世帯）

（世帯）とは同じ世帯で介護サービスを利用した全員の負担額を合計したときの限度額。（個人）は介護サービスを利用した本人の負担の限度額。

POINT 73

葬儀の種類はさまざま希望のスタイルを決めておきましょう

家族葬が増加

故人を送る葬儀にはさまざまな種類があります。かつては「一般葬」が最も多かったのですが、葬儀にかかる費用や、静かに故人との別れの時間を持ちたい、さらに職場や仕事関係の参列が少なくなるなどの理由から「家族葬」が大幅に増加しています。

身内や親しい人だけで故人を偲ぶ「家族葬」は、悲しみのなかにも温かな雰囲気が流れることが多いようです。

家族葬でも通夜や葬儀・告別式もおこなわれます。ただ、参列するのはごく親しい人だけなのです。

故人を慕う人達がゆっくり言葉を交わし、格式張らずに静かに別れの時間を共有できます。

希望の葬儀のスタイルを決めておく

鎌倉新書の「第6回お葬式に関する全国調査（二〇二四年）」によると、選ばれている葬儀の形式は次の順になっています。

□一般葬…三〇・一パーセント
□家族葬…五〇・〇パーセント
□一日葬…一〇・二パーセント
□直葬・火葬式…九・六パーセント

人生最後の儀式への希望をエンディングノート（別冊22p）に残しておきましょう。

葬儀の主な種類

一般葬	最もオーソドックスなスタイル。通夜の翌日に葬儀・告別式、火葬をおこなう。遺族・親族をはじめ、友人、職場関係者、地域コミュニティの知人など故人に関わりのあった多くの人が参列する。
家族葬	家族だけでなく、親族、友人などで執りおこなう。参列人数が少ないだけで、おこなうことは一般葬と同様。
一日葬	通夜をおこなわずに、遺族・親族と故人ととくに親しかった友人などと、告別式・火葬を執りおこなう。通夜の儀式こそないものの告別式の準備などで実際には一日で終えられる訳ではない。
直葬	通夜や葬儀・告別式をおこなわず火葬だけで終える。病院から火葬場に直接移動し、火葬前に別れの時間をとる。
自由葬	音楽好きの故人の希望でバンドの生演奏を入れる、親しい人のスピーチを間に入れるなど、特定の宗教宗派や慣習に依らず自由な形式で執りおこなう。本人が生きているうちに開く生前葬（→本編184 p）も自由葬のひとつ。

➔ 別冊22p「お葬式やお墓に関する言づて」

Column

自分の信じる宗教で葬儀をおこないたい場合

日本人の多くは、葬儀を仏教式でおこないますが、神道やキリスト教など自分の信じる宗教に沿った葬儀を望む方もいらっしゃるでしょう。

もちろん、自分の希望が第一ですから、それで問題ありません。

ただ、気にしておきたいのが、配偶者や子供などの葬儀やお墓に対する考え方についてです。家族間で異なる宗教観を持っているのでしたら、エンディングノートに記す前に、話し合っておくことをおすすめします。

POINT 74

葬儀にかかる費用は自分で準備しておきましょう

オプションで思わぬ出費の危険も

葬儀に関して家族が気になることのひとつに「費用」があります。家族にとって初めての葬儀であればなおさらです。周りにも経験者がいないと相場がさっぱり分かりません。

葬儀社がホームページ上で価格をオープンにしていることもありますが、打ち合わせが進むにつれて「オプション」を加えてくる業者もいます。

身内の不幸で冷静な判断ができず、言われるがままに受け入れていると予想外の額になることもあります。

元気なうちに**葬儀にかかる費用を把握して、その分を準備**しておきましょう（別冊22p）。

故人が事前に予算を決めて準備までしているのなら、遺族は必然的に予算内で進めることになります。

仮にオプションを勧められた場合も「どうしよう」「必要なのかな」と迷うことなく、「故人の遺志だから」と断ることができます。

香典は計算に入れない

参列者が多ければ香典もありますが、「香典ありき」で予算を組み立ててはいけません。香典は「返礼品や飲食代と相殺」程度に考えておかないと、大きな赤字になってしまいます。

お葬式にかかった費用

●全国各地の平均費用（火葬費含む）

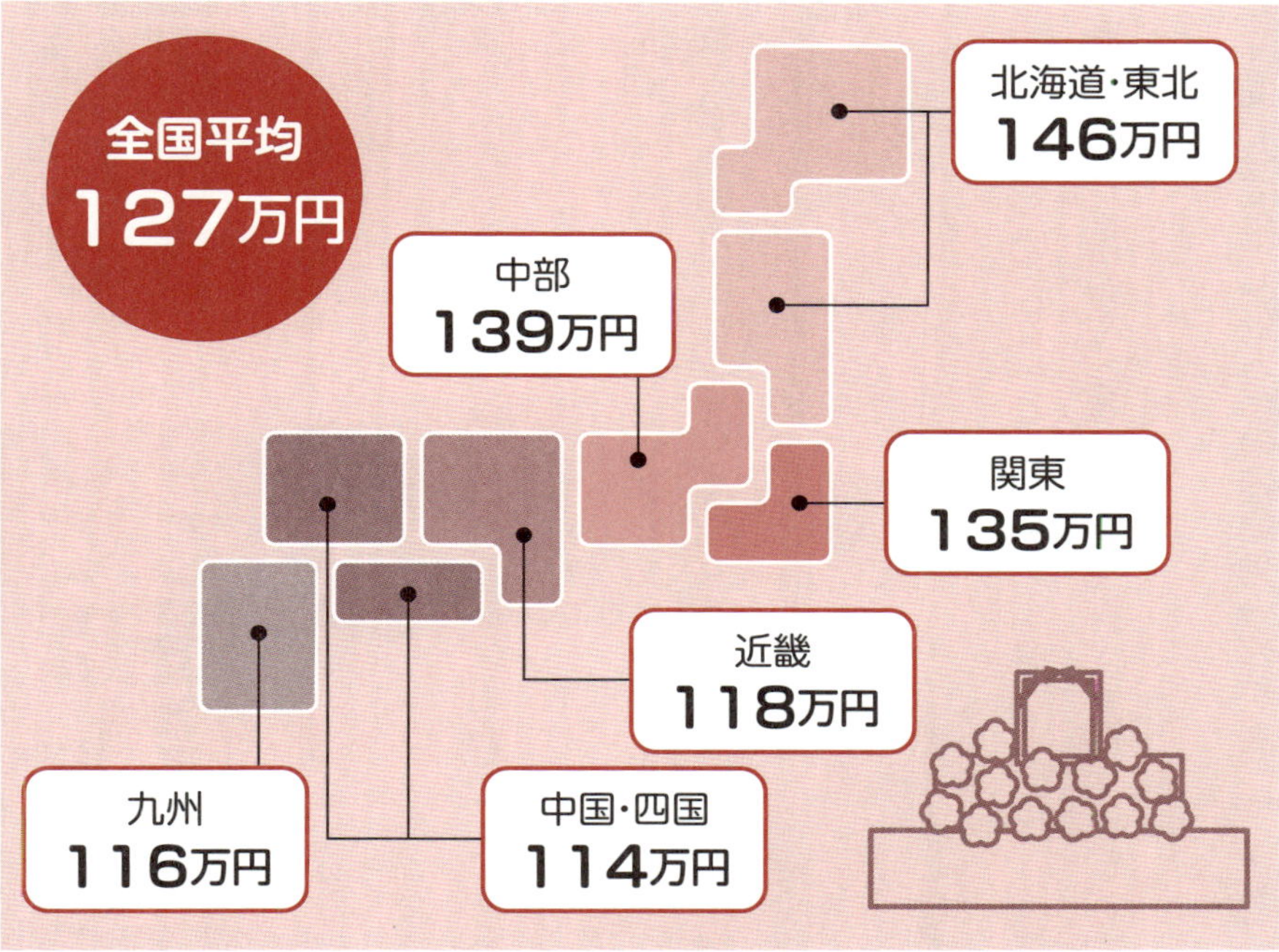

※「葬儀費用の平均相場や内訳を解説!費用を安くする方法もご紹介」（小さなお葬式）

●葬儀の種類別の費用の平均（火葬費含む）

種類	葬儀費用全体	葬儀費用	飲食費	お布施
一般葬	約191万円	約132万円	約25万円	約35万円
家族葬	約110万円	約75万円	約11万円	約23万円
直葬	約36万円	約24万円	約4万円	約8万円

※「第1回調査　一般葬（家族葬、直葬・火葬式）にかかる費用相場」（小さなお葬式）

POINT 75

葬儀に参列してほしい方の名簿をつくって最後のお別れを

葬儀の準備が楽になる

家族の誰かが亡くなると、遺された人々は場合によっては数か月に及んでさまざまな対応に追われます。最初の大きな関門が「葬儀」です。

離れて暮らす家族や親戚など、血縁関係がある相手に連絡を取るのはスムーズでも、故人の友人や知人関係の連絡先は把握していないことがほとんどです。

葬儀の段取りで慌ただしいなか、机の引き出しや本棚をあさって住所録や年賀状などを探す手間はかけさせたくないものです。

「葬儀に参列してほしい人」の連絡先一覧があるだけで、家族の負担をひとつ確実に減らすことができますから、エンディングノート（別冊30ｐ）にぜひまとめておいてください。

家族葬なら文書でお知らせを

年賀状や暑中見舞いがあるのなら、それが住所録代わりになります。「葬儀に参列してほしい人」とメモをつけて、エンディングノートと一緒に置いておくとよいでしょう。

宛名印刷のためにパソコンで住所録を管理している方は、全てプリントアウトしてエンディングノートと一緒に保管しておきましょう。

七〇歳代以上は冠婚葬祭を重んじる年代です。

別れの知らせを届けるのは、親しくつきあった友人知人が「不義理をしてしまった」と気に病まないようにする「最後の配慮」でもあります。

家族葬を希望するのなら、葬儀の一〜二週間後、または四九日の法要が終わる頃などに文書でお知らせするように家族に伝えておきましょう。

訃報のお知らせの方法

お知らせしてほしい人の住所録をつくる

□エンディングノート（➔別冊30p）に記入する。

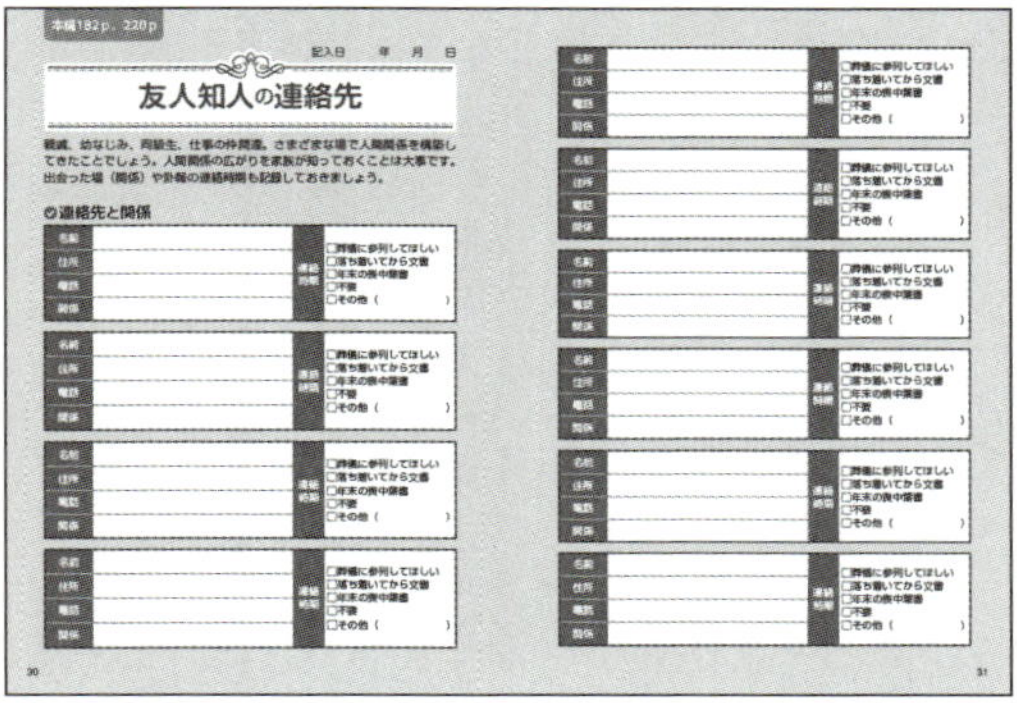

□年賀状や暑中見舞いを住所録代わりにする。

□パソコンの住所録をプリントアウトする。

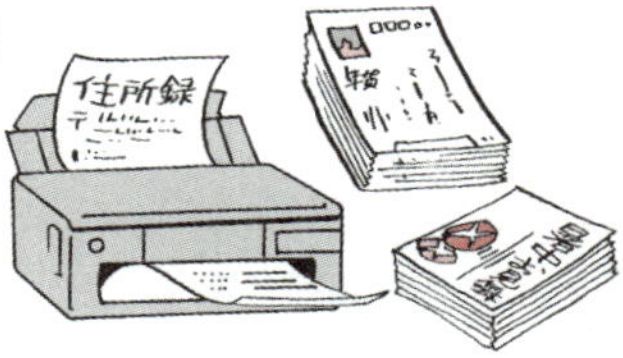

住所録を元にお知らせ

- **葬儀に参列してほしい人**
  葬儀の日時が決まったら連絡。
- **家族葬の場合、または葬儀に参列してもらうほど親しくない人の場合**
  葬儀後１〜２週間後、または四九日の法要が終わる頃に文書でお知らせ。または年末の喪中葉書でお知らせ。

➔別冊30p「友人知人の連絡先」

POINT 76

自分でプロデュースできる「葬儀の生前契約」や「生前葬」

自分で葬儀社・内容を決める

ご自身が親御さんやご兄弟の葬儀を経験していると、葬儀にまつわるアレコレの苦労についてよくご存じだと思います。

葬儀の経験がなくて具体的なイメージができなくても、費用について知るだけでかなりの大仕事であることが実感できるでしょう。

別れの前には入院や介護で家族に苦労をかけているかもしれません。配偶者が健康面の問題で喪主を務められないこともあります。独立した子供達にはそれぞれの家庭があり、遠く離れて暮らしていることもあるでしょう。

遺された家族に全て任せるのは忍びないのであれば、「葬儀の生前契約」（別冊23ｐ）。という方法を検討してもよいかもしれません。

自分で葬儀社を決め、葬儀内容・規模を決定して契約を結びます。

家族の負担を取り除きながら、自分の理想とする葬儀を執りおこなうことができます。

「お別れの会」なら完璧プロデュース

習慣的に何十年も出しつづけていた年賀状を終わりにする「年賀状じまい」をする方が増えています。

年賀状じまいも人生の区切りをつける「生前整

理」のひとつです。儀礼的なお付き合いに疲弊したということだけでなく、**人生の幕引きを自分自身でおこないたい前向きな気持ち**のあらわれといえるでしょう。

元気なうちに自分でおこなう「生前葬」も人生を総括して残りの人生に新たな気持ちで向き合うためのものです。

まだまだ生前葬の認知度は高いとはいえませんが、懐かしい人やお世話になった人に直接お礼を言える機会を持てることは大きな喜びです。また、家族の負担を軽減できるので、満足感は大きなものといえるでしょう。

自分でつくる「葬儀」

生前葬

メリット

- □元気なうちに思いを伝えられる。
- □音楽、会場、服装など自由。
- □逝去後は葬儀はおこなわず書面でのお知らせのみ。

デメリット

- □企画・演出力が必要。
- □死後に家族も葬儀をすることがあり二度手間になる。

葬儀の生前契約

メリット

- □家族の負担を減らせる。
- □家族が予算で悩まない。
- □自分の理想の葬儀ができる。

デメリット

- □予約金（申込金）を支払うが、葬儀社の倒産などがあるとお金は戻らないうえ、葬儀も執りおこなえない。
- □追加費用が発生することがある。

POINT 77

戒名にかかるお金は？戒名がないと困るのでしょうか？

戒名の値段は「位号」で決まる

「戒名」とは仏様の弟子としての名前です。亡くなったときに菩提寺の住職につけてもらいますが、浄土宗や浄土真宗は「法名」、日蓮宗では「法号」といいます。

戒名は「院号」「道号」「法号」「位号」から成ります。それぞれ、左ページ図のような意味があります。

「位号」はいわば「敬称」のようなもので、年齢や生前の功績によって付けられ、位号によって費用の相場が異なります。

戒名がないと「仏様の弟子になっていない」ことになります。そのため、寺院にある先祖代々のお墓や、檀家となっている寺院のお墓に入ることはできません。

一族の伝統や地域によっては「戒名」や「先祖代々のお墓に入ること」に大きな価値を抱いていることがあります。

自分の言葉で周囲に根回しを

長く続いたしきたりを変えることは、少なからず波風をたてる可能性があります。

もしも「戒名不要」の選択をするのなら、遺された家族が批判を受けることがないよう、自分の言葉で周囲に気持ちを伝えておくとよいでしょう。

戒名の構成

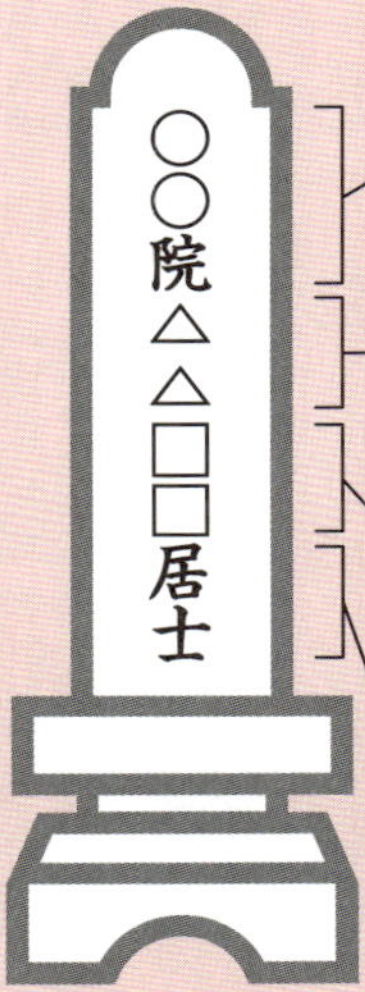

院号

社会に大きな足跡を遺した人、皇族や貴族などに付けられるもの。全ての人に付く訳ではない。

道号

元々は位の高い僧侶に与えられるものだったが、現在は故人の「人となり」を示す。人柄や趣味、地域や住居などにちなんで付けられる。

法号

本来の「戒名」のこと。一文字は現世の名前から、もう一文字は経典などからとる。

位号

「敬称」のようなもの。年齢や生前の功績によって付けられる。

位号の値段の目安

位号	費用相場
信士《しんし》・信女《しんにょ》	10万円～
居士《こじ》・大姉《たいし》	50万円～
院信士《いんしんし》・院信女《いんしんにょ》	80万円～
院居士《いんこじ》・院大姉《いんたいし》	100万円～

POINT 78

代々のお墓がある人も、ない人もお墓についての悩みはつきません

「お墓」の管理が負担に

お彼岸やお盆に一族でお墓参りをして、祖父母の言葉に耳を傾け先祖の存在に思いを馳せる。そんなときを過ごした方は多いことでしょう。「あるのが当たり前で身近な存在」だった「お墓」ですが、時代とともに「お墓」を取り巻く環境や「お墓」への価値の置き方が変わってきました。

夫婦ともに出身地が異なり、現在の居住地はいずれの出身地からも遠く離れていると、「お墓」の管理に頭を悩ますことになります。

そのため「必ずしもお墓は必要ではないのでは」そうした思いを抱く人も増えてきました。

維持にはお金がかかる

葬儀は一回限りですが、「お墓」は管理を任された人が元気な限り続いていくものです。

遠方であればお墓参りのために交通費・宿泊費がかかるほか、修繕、寺院へのお布施や寄付なども発生します。

すでに先祖から引き継いだお墓があるのなら「承継」「墓じまい」（→本編192p）「改葬」（→本編194p）のいずれかを選択することになります。お墓がないのならお墓を購入するのか否かを考えなくてはいけません。家族や親族と丁寧に意見をやりとりしながら決めましょう。

お墓をどうする?

継ぐお墓がある

いいえ → お墓（納骨する場所）が欲しい

- **いいえ** →
  - □手元供養（自宅で遺骨を保管して供養すること。遺骨を宝石に加工して身につける方法もある）
- **はい** →
  - □自然葬（→本編191p）
  - □自然葬以外を希望するなら、お墓の形式を選ぶ（→本編191p）

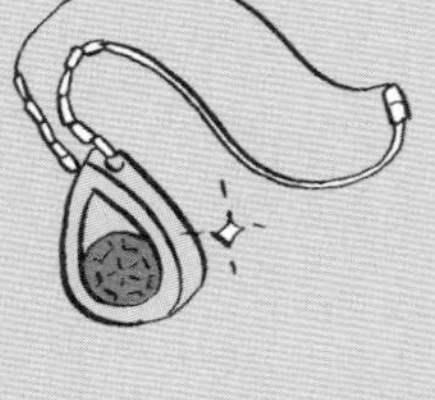

はい → お墓の管理を負担に感じる。または以下の2つ以上にあてはまる。

□お墓が遠方。
□維持管理費が負担。
□自分が一人っ子。
□自分に子供がいない。

- **いいえ** → **お墓を継ぐ**
- **はい** → **墓じまい**（→本編192p）または **改葬**（→本編194p）を考える

➔ 別冊22p「お葬式やお墓に関する言づて」

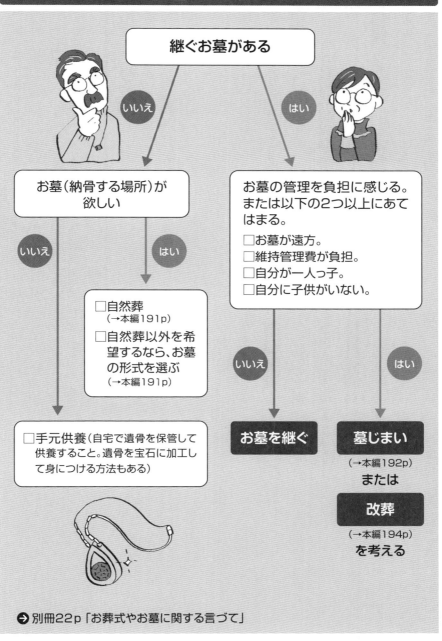

POINT 79

お墓を決めるときは「誰が入るか」を考えましょう

▼お墓の選び方

お墓を購入する際は、家族や親族の気持ち、自分の希望、予算や立地などさまざまな要因が絡んでくるため、どのように進めるべきか困惑するかもしれません。

大まかな流れは以下のようになります。

STEP 1 家族の承認を得る

お墓の管理は家族に委ねることになりますから、家族の意向は尊重しましょう。

STEP 2 誰が入るのか決める

家族が「これから一族が入るお墓にしたい」と希望するなら家墓が第一の選択肢になります。

STEP 3 予算を決める

一括で購入することを考えて、出せる予算を決めましょう。ローンを払い終えないうちに亡くなってしまうと家族が負担しなくてはいけません。一括で購入すると相続税対策（→本編122ｐ）になります。

STEP 4 立地から絞り込む

複数の立地から、予算、家族や親族の希望に合う場所を選びましょう。

STEP 5 見学・契約

管理費、合祀（遺骨を骨壺から取り出し、複数まとめて埋葬する）にされるタイミングなどを確認し、納得できたら契約に進みます。

お墓の主な種類

種類	内容	メリット	デメリット	費用の目安
家墓《いえはか》（一般墓）	先祖代々引き継がれる墓。墓石の側面には納骨された故人の法名や戒名が刻まれる。墓地の使用料である「永代使用料」と墓石工事費が必要。	先祖や子孫との繋がりが実感できる。一度建てると代々使用できる。	高額なうえ、年間管理費なども必要。	130～250万円
両《りょう》家《け》墓《はか》	二世帯墓とも呼ばれる。一人っ子同士が結婚した場合など互いの実家の墓をひとつにまとめる。	墓守の負担を軽くしながら、両家の墓を継ぐことができる。	霊園や墓地によっては不可。	家墓と同様。さらに古い墓の撤去費用がかかる。
個人墓	偉人や著名人に多い形式。建墓した個人専用なので継ぐことはできない。	個人でもお墓がもてる。	一定期間後に合祀。合祀後は遺骨を取り出せない。	30～100万円
夫婦墓	一族とは別に夫婦だけを埋葬する。子供がいない、お墓を継がない場合に選ばれる。	夫婦水入らずでいられる。	一定期間後に合祀。合祀後は遺骨を取り出せない。	50～150万円
永代供養墓	子孫にお墓を継ぐことを前提としない墓。	墓守不要。墓所の管理者が遺骨の供養と管理をする。	他人と遺骨が混ざる。	10～100万円
永代供養墓：納骨堂	屋内に遺骨を安置する。ロッカー式、棚式、位牌式などがある。	天候を気にせずお参りできる。	粉骨を求められることもある。一定期間が過ぎると合葬墓に移されることが多い。	1人用 50万円～ 2～4人用 100万円～
永代供養墓：自然葬（樹木葬）	シンボルツリーの周りに納骨する。	個別の区画に納骨することもできる。	どこに納骨されたか分からない。判別できるよう個別の区画にすると高額。	30～80万円
合葬墓	骨袋に入れるか骨壺から出して、ひとつの納骨室に血縁などに関わりなく埋葬する。	費用を抑えられる。	納骨後は遺骨を取り出せない。	3万円～

一代限りか代々繋げていくのかで選択が変わる。家墓は高額ではあるが、今後何世代に引き継ぐことができるなら世代ごとのコストは軽くなると考えられる。

➔ 別冊22p「お葬式やお墓に関する言づて」

POINT 80

遠方の実家にある墓の「墓じまい」で気をつけることとは？

「墓じまい」と「改葬」はセット

地元に残る親族が少なくなり、残った人々も高齢化が進むと、先祖代々のお墓を継いでいくことが難しくなって、いよいよ「墓じまい」を検討することもあるでしょう。

「墓じまい」とは、お墓を更地にして墓地の管理者に返すことをいいます。お墓に入っていた遺骨は「改葬」（↓本編194p）によって新たな墓所に引っ越すことになります。

「墓じまい」をする場合は「改葬」の手続きをしなくてはいけません。「改葬」に必要な手続きは次節で解説します。

菩提寺との関係に亀裂が入らないように

代々の墓ですから個人や一家庭内で「墓じまい」を決めることはできません。

「墓じまい」は、一方的に進められる作業ではなく、菩提寺に「埋葬証明書」または「納骨証明書」を発行してもらうなどの手続きが必要です。

何代にも渡って供養をしてきた菩提寺との関係性を良好に保つためには、一族の意思統一のもと、墓の維持が困難であり「墓じまい」しか選択肢がない状況であることを真摯に伝えましょう。

一族、菩提寺との対応を進めながら、改葬先も探す必要があります

墓じまいの段取り

家族内で墓じまいの合意を得る。

↓

一族の合意を得る。

> 親戚が同じ菩提寺に今後もお世話になる予定なら、その親戚と菩提寺との関係にも配慮。

↓

墓じまいに至った事情を菩提寺に伝える。

↓

新たなお墓、または納骨堂などを決め、
①「受入証明書」の発行を依頼する。

↓

お墓のある市区町村から
②「改葬許可申請書(→本編194p)を入手。
墓所の管理者に記入・押印してもらう。
墓所の管理者に③「埋葬証明書
または納骨証明書」を発行してもらう。

> 離檀料を要求されることもある。

↓

①②③をお墓のある市区町村に提出し、
「改葬許可証」を発行してもらう。

↓

閉眼供養をしてお骨を取り出す。

> 閉眼供養(お魂《たま》抜き)のお布施が必要。

↓

墓石を解体・撤去して墓地を返還する。

> □石材店を指定されることもある。
> □撤去費用は事前に確認しておく。
> □重機が入らず手作業になると費用は高額になる。

↓

遺骨は別のお墓や納骨堂に移す(改葬)か、
合祀墓に移す。
(改葬の詳細は次節参照)

費用に関しては地域や墓所によって異なることが多い。都度、明確にしながら進めていく。

POINT 81

「改葬」するためには自治体の「改葬許可証」が必要です

▼遺骨は勝手に動かせない

お墓を引っ越す「改葬」をするには、墓や納骨堂がある市区町村から「改葬許可」を得なければいけません。

いくら自分の親や祖先の遺骨であっても、「改葬許可」がなければ勝手に動かすことはできないのです。

「改葬許可」は「墓じまい」（↓本編192p）のときにも必要となります。新たな墓を持たない「墓じまい」ですが、遺骨を移すという点では「改葬」と変わりません。

そのため、「墓じまい」でも「改葬」の手続きをする必要があるのです。

▼改葬先の市区町村での手続き

まず、改葬先の墓地や納骨堂を決めましょう。その後、その墓地や納骨堂の管理者に「受入証明書」の発行を依頼します。

次にお墓がある市区町村の「改葬許可申請書」をホームページからダウンロードしてください。

パソコンやプリンタが使えなくても、窓口に行けば書類を受け取ることができます。

必ずしも窓口に行く必要はなく、遠方の場合は返信用封筒を同封して申請することも可能です。

お墓がある場所での手続き

「改葬許可申請書」に必要事項を記入しますが、現在納骨されている墓所の管理者が記入・押印する欄があるので依頼する必要があります。

このとき、墓所の管理者から**「埋葬証明書」または「納骨証明書」も発行**してもらいます。

お墓のある市区町村に全てを提出すると、「改葬許可証」を交付してもらえます。

交付された「改葬許可証」を、遺骨が新たに入る墓地、または納骨堂の管理者に提出したら、改葬に関する事務手続きは終了です。

大まかな流れは以上ですが、市区町村によって異なることもあります。改装前と後の場所が離れていると手間や日数もかかりますが、その都度、確認をとりながら進めていってください。

改葬の段取り

193pの流れで墓じまいをする。

↓

お墓があった市区町村から交付された「改葬許可証」を引っ越し先の墓所管理者へ提出。

↓

□改葬先に納骨。
□開眼供養をする。

□納骨費用は事前に確認しておく。
□開眼供養（お魂《たま》入れ）のお布施が必要。

取り出した遺骨を手元に置いて新たな墓所に納骨しない場合も改葬の手続きが必要。

POINT 82

継ぐ人がいないお墓は「墓じまい」から「合祀」が一般的

▼放置された墓への対処

管理が放棄されたお墓は、「無縁仏」または「無縁墓」とされます。お墓を建てたあとは、墓所の維持管理費を納め、定期的に墓参りをして墓石を清める、周辺の草むしりをするなどの手入れが必要なのです。

維持管理費の滞納、荒れ果てた墓石や周辺の様子は、墓所の管理者にとって見過ごすことはできません。維持管理にはコストがかかるうえ、荒れたお墓があることで墓所全体の環境低下に繋がるリスクがあるからです。

管理者とはいえ、勝手に遺骨を墓から取り出すことはできないので、決められた手順で墓の関係者に向けて情報を発信します。

一定期間を経て反応がなかったら、管理者は無縁墓の「墓じまい」（→本編192p）をおこない、遺骨は合祀されます。その後、その区画は新たな主を見つけ使用されることになります。

▼お墓を買う＝土地を使用する権利を買う

お墓の「永代使用権」は墓地の一定区画にお墓を建て、遺骨を埋葬する権利。不動産と同様、相続・承継可能です。「永代使用料」は墓所の土地を借りる費用のことです。

「お墓を買う」といいますが、実際には「半永久的に使用できる権利」を得ているだけで、お墓の土地を購入・所有している訳ではないので、無縁墓とみなされると墓石などは撤去されるのです。

また、永代使用権は子孫に承継することはできますが、第三者に売却することはできません。

無縁墓から合祀されるまで

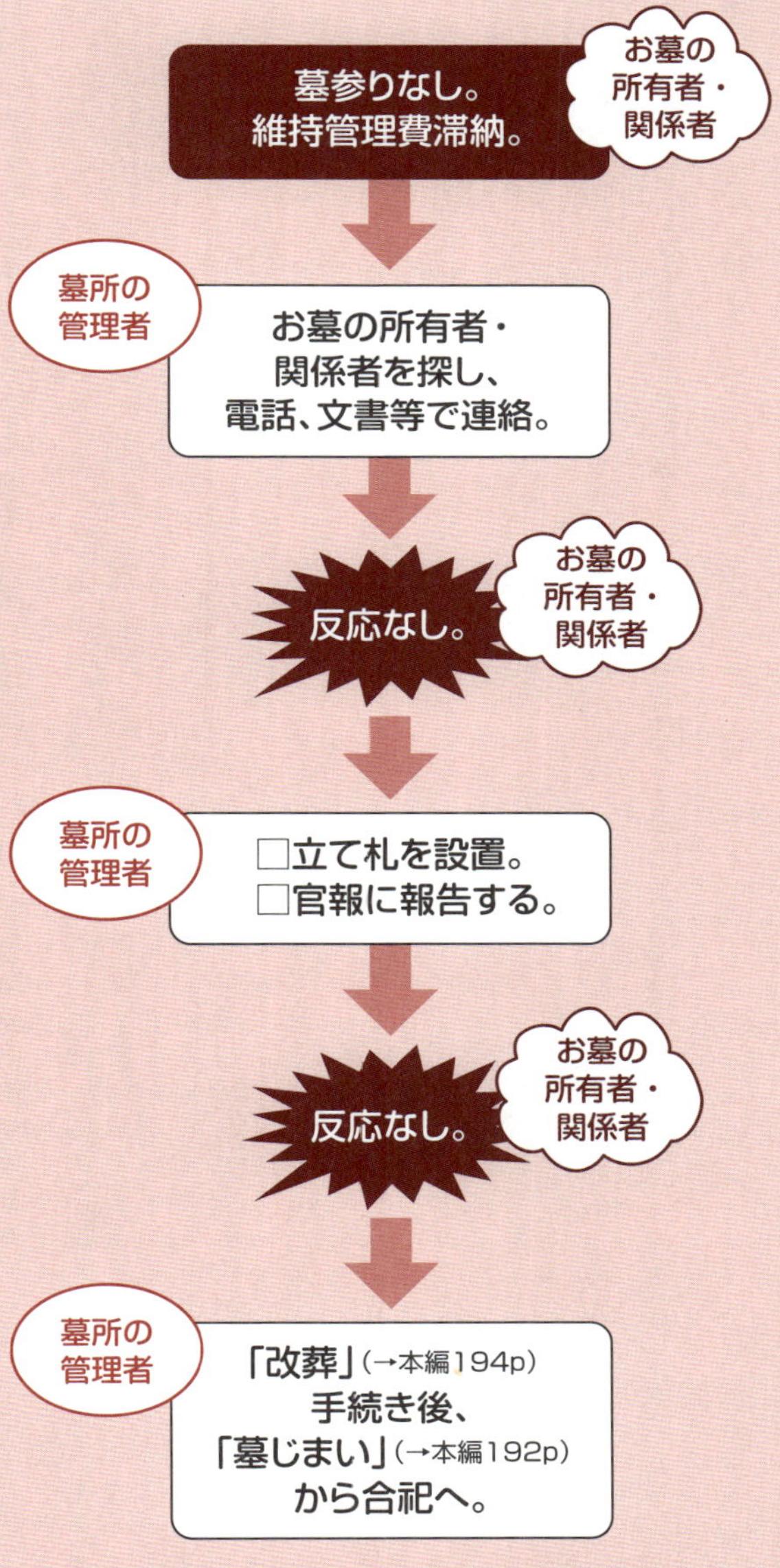

墓じまいで墓石を撤去し更地にしたら、その区画を使用できる権利が売りに出される。

POINT 83

「お墓も葬式も不要」にするなら家族の喪失感を癒やす「何か」を

お墓は本当にむだ？

お墓を建てること、継いでいくことにはお金も手間もかかり覚悟も必要です。

しかし、そうするだけの価値を感じる方も多くいます。墓前で悩みごとを整理することもあれば、決意表明をすることもあるでしょう。故人との関係が深いほど、「お墓が心のよりどころ」となることがあるのです。

繋がりになる何かを遺す

遺された家族の面倒ごとを少しでも軽くしたいという思いやりから「葬儀・墓は不要」という選択をする方も増えてきました。

葬儀は遺された家族が別れを受け入れる過程でもあります。また、お墓がないと故人との繋がりがプッツリ途切れたような喪失感を遺族が抱えることもあります。

故人の遺志を尊重して散骨したものの、数年後に「お墓も遺骨もないのはやっぱり寂しい。故人を偲ぶ何かがほしい」と、宗教関係者に相談する遺族もいます。

全て散骨せず一部は家族の手元に置いてほしいと伝える、お墓の代わりの拠り所として愛用品を譲り渡すなど、「繋がりになる何か」を遺すことも気遣いのひとつといえるでしょう。

第6章

おひとりさまも、配偶者や家族に頼れなくても大丈夫

自分だけでできる生前整理

自分の意思を貫けることは「おひとりさま」の特権

☑未婚だけが「おひとりさま」ではない

生涯未婚率とは、五〇歳までに一度も結婚しない人の割合を示したもので、二〇二〇年の国勢調査報告によると男性二八・三パーセント、女性一七・八パーセントになりました。今後も生涯未婚の「おひとりさま」は増加していく見込みです。

また、**子供がいない夫婦の場合、配偶者に先立たれると「おひとりさま」になりますし、子供がいても疎遠であれば、「実質・おひとりさま」といっていいでしょう。**

日常生活のあれこれを自分でしっかりこなしている「おひとりさま」ですが、人はいずれ必ず老

います。入院、介護、そして葬儀に無縁ではいられません。

また、自らの努力で築いた財産がある「おひとりさま」なら、自分亡きあとの財産の行く先も気になるでしょう。人生の足跡ともいえる「財産」なのですから、その行き先は自分で決めたいはずです。

☑「おひとりさま」であることのメリット

親族や子供に頼れないことは、たいへんなこともありますが、決してデメリットではありません。自らの意思を最大限に反映できること、何より、取り組むべき課題があると「まだまだ元気でいなくては」という活力に繋がります。

本章では、「おひとりさま」の終活に伴う不便や不安を解消するための制度やサービスを紹介していきます。

もしもに備えて
ペットのケアも
考える。

カルチャー
スクールで
活動を楽しむ。

POINT 84

おひとりさま（配偶者・子供なし）の遺産は親か兄弟が引き継ぎます

甥姪の子には相続権はない

故人が独身で、配偶者や子供もいない、いわゆる「おひとりさま」の場合、財産を相続する法定相続人は次のようになります。

□故人の父母が存命。…父母が相続する。

□故人の父母は亡くなっているが祖父母は存命。…祖父母が相続する。

□父母も祖父母も他界している。…故人の兄弟姉妹が相続する。

□父母のうち母（または父）は存命、祖父母も存命。…相続するのは母（または父）のみになる。

□父母、兄弟姉妹、祖父母も亡くなっている。…甥姪が相続する。

故人の両親祖父母が他界している場合は、兄弟姉妹が相続人となります。兄弟姉妹が亡くなっている場合は、その子（故人から見て甥や姪）に相続権が継承されます。

おひとりさまの遺族の遺留分

配偶者や子供がいないおひとりさまの場合、遺言書を作成することで、その通りに遺産を分けることができます（↓本編206p）。

ただし、遺留分がある親族がいます。それは父母で割合は1／3です。兄弟姉妹や甥姪には遺留分はありません。

おひとりさまの遺産を相続する権利がある人

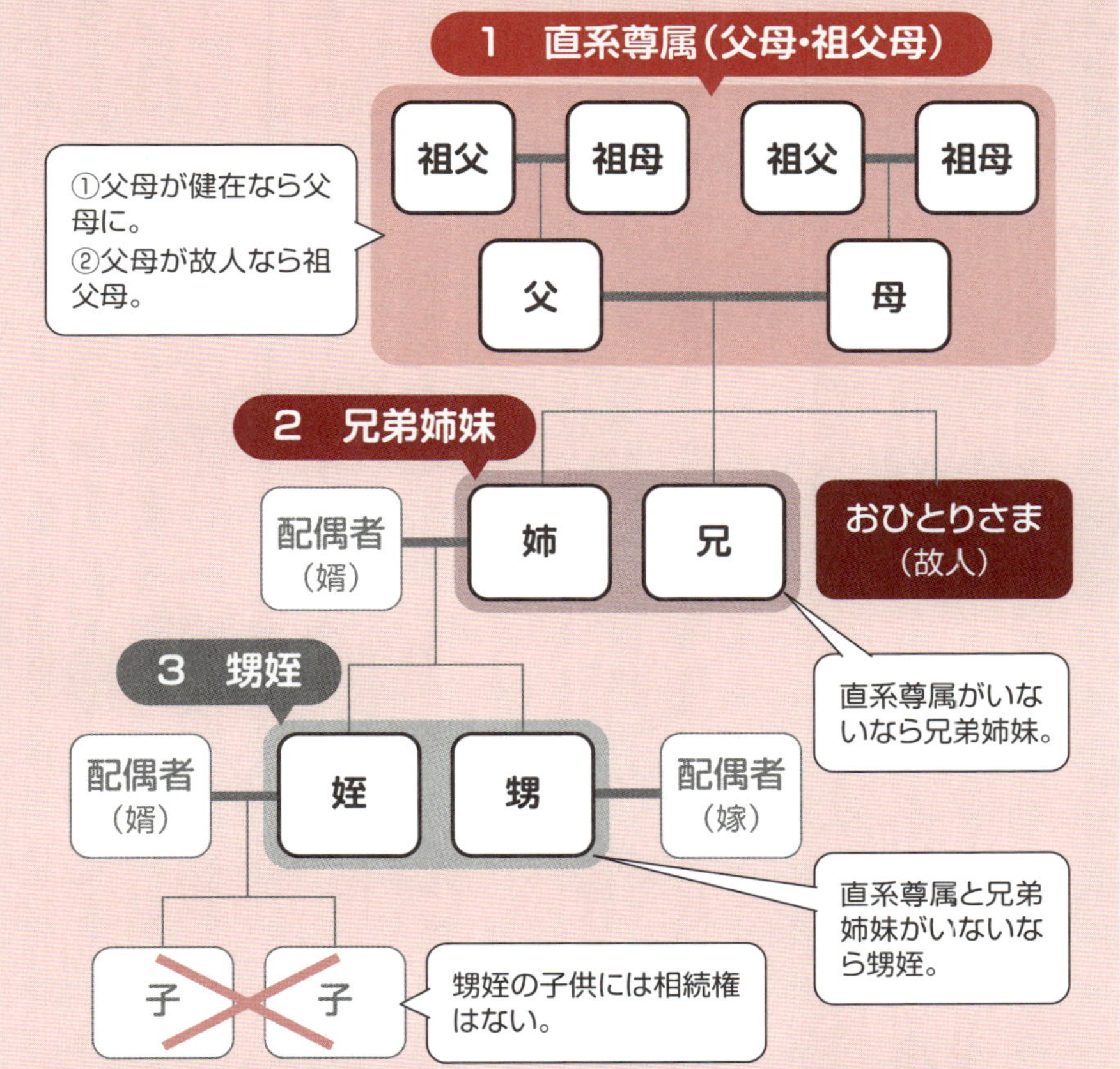

相続の権利は直系尊属（両親や祖父母）、その次に兄弟姉妹、そして甥姪の順番。

Column

負債が大きいときは事前に知らせる

財産よりも負債が大きいと、法定相続人に返済義務が生じます。父母や兄弟姉妹、甥姪に負債が回ってしまうのです。

大きな負債を抱えているのなら、必ず事前に相続人に知らせておく必要があります。相続放棄をするためには、相続開始を知った日から3か月以内に手続きしなければならないからです（→本編 42 p）。

POINT 85

親族が誰もいないおひとりさまの遺産は国のものになります

内縁の妻や特別縁故者も相続の権利がある

おひとりさまが亡くなったら、その遺産は前節で紹介した相続する権利がある人へと引き継がれます。

父母、祖父母、兄弟姉妹、甥姪が相続する権利がありますが、もしも相続人が一人もいなかったら遺産はどうなってしまうのでしょうか？

おひとりさまが亡くなり、相続人が存在しないようなら、行政機関の申し立てを受けた家庭裁判所が相続財産管理人を選任します。

相続財産管理人は、改めて相続の権利がある人がいないか調査します。

相続の権利があるとみなされるのは、前節の相続人だけではありません。内縁の妻や特別縁故者（→本編73ｐ）も相続する権利を有することがあります。

遺産は国のものに

いずれにも該当する人物がいないことが確定したら、不動産などは現金化されたうえで遺産は国庫へと入れられます。

相続人不在で国庫に入った遺産の総額は二〇二二年度に七六八億円に達し、一〇年間で倍増したそうです。今後、さらに増えることが予想されます。

おひとりさまの遺産が国庫に入るまで

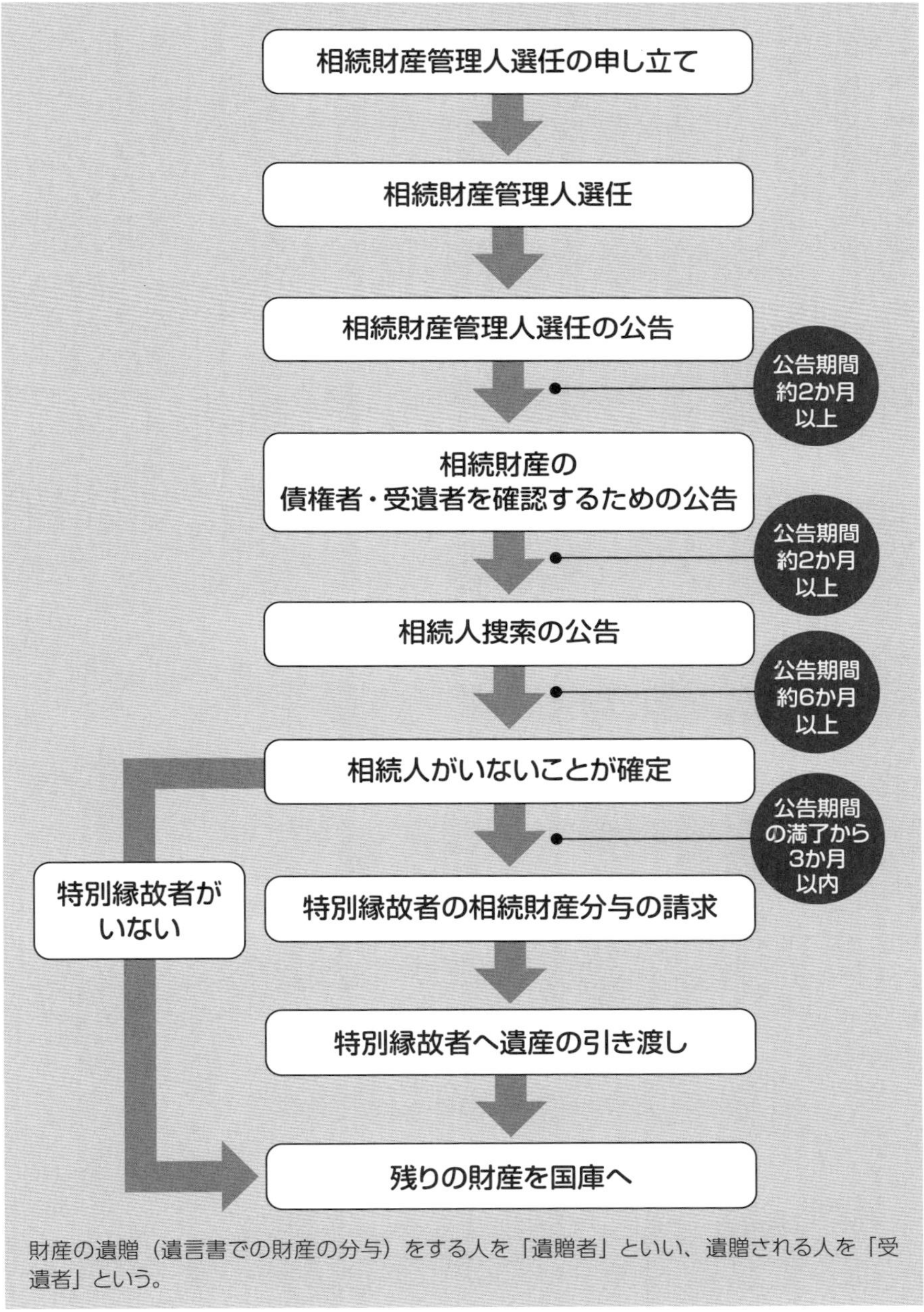

財産の遺贈（遺言書での財産の分与）をする人を「遺贈者」といい、遺贈される人を「受遺者」という。

POINT
86

資産を譲りたい相手がいるのなら「遺贈」をしましょう

遺言でトラブルを回避し遺志を託す

おひとりさまが亡くなったら、遺産は父母または祖父母、兄弟姉妹、甥姪といった相続人に引き継がれるか、相続人がいなければ国庫に納められます。

全く交流がない相続人に遺産が渡ることに抵抗感がある反面、積極的に遺産を渡したい相手がいるかもしれません。例えば、籍を入れていないがお付き合いをしている人や献身的に介護をしてくれた人、無二の親友などが挙げられるでしょう。

また、活動理念に共感する団体に遺産を使ってほしいという気持ちを抱いている方もいるでしょう。

こういった人々に遺産を渡すためには「公正証書遺言」（→本編70ｐ）を作成して自分の財産の行く先に筋道をつけておくことです。そうすれば周囲にむやみに波風をたてず、財産に自分の遺志を託すことができます。

「包括遺贈」と「特定遺贈」

遺言で財産を譲ることを「遺贈」といい、遺贈先に特別な制限はありません。特定の個人だけでなく、学校法人、公益法人、ＮＰＯ法人、企業や研究所など、本人の気持ちで決めることができます。

遺贈には、「包括遺贈」と「特定遺贈」があります。**「包括遺贈」では、遺産の全部または特定の割合を遺贈できます。**

受け取る側は一般的な相続人と同じ権利義務を負うことになるので、うっかり借金などのマイナスの財産まで押しつけることがないよう気をつけましょう。

また、遺産に不動産が含まれていると遺贈先に受け取りを拒否されることがあるので注意が必要です。

「特定遺贈」では、遺産の一部を指定して遺贈することができます。

受け取る側は「現金○○万円」等、指定された遺産だけを受け取ります。指定されていないその他の財産はプラス・マイナスどちらも引き継ぐことはありません。

「包括遺贈」と「特定遺贈」

	包括遺贈	特定遺贈
引き継ぐ財産	財産の全部または指定された一定の割合の財産。	指定された特定の財産のみ引き継ぐ。
マイナスの財産	遺贈された割合で引き継ぐ。	引き継がない。
遺産分割協議	相続人と遺産分割協議に参加する。	参加しない。
放棄期限	相続開始を知ってから3か月以内。	期限なし。

遺贈する財産の内容によって、包括遺贈か特定遺贈かを決める。

POINT 87

入院時に身元保証人が絶対に必要という訳ではありません

入院拒否は医師法に抵触

身元保証人がいないと入院ができないと思い込んで不安を感じている方は多いのではないでしょうか。

実際に、ほとんどの医療機関は入院時に身元保証人を求めます。

医療機関が身元保証人を求めるのは「支払いの保証」「医療行為の同意」「遺体・遺品の引き取り」のためです。

しかし、身元保証人・身元引受人がいないことを理由に入院を拒否することは医師法に抵触すると厚生労働省から二〇一七年に通知が出されています。

神奈川県の神奈川県病院協会の二〇一七年のアンケートによると、身元保証人を求めている病院は九七パーセントですが、身元保証人をつけられないからといって入院を認めない病院はわずか一件でした。

ほとんどの病院は、後見人等の検討・活用や、保証会社の紹介などの対処法を提案したうえで入院を認めています。

また、事前に保証金を納めることで入院を認める病院もあります。

もしも身元保証人がいないことで入院を拒否されるようなことがあったら、都道府県や市区町村

身元保証人がいない場合の対処法

医療機関が保証人を求める理由	身元保証人がいないと？
支払いの保証	□クレジットカード決済にする。 □入院時に入院保証金や預託金を支払う。 □生活保護の申請（経済的に困窮している場合）。
医療行為の同意	□入院診療計画の説明時に治療への希望を伝える。 □説明の理解に不安があるならケアマネジャーに同席を依頼する。
遺体・遺品の引き取り	□自治体が埋葬や遺品の処分をする。

上記以外に、医療機関から保証会社の紹介や福祉事務所への相談をすすめられるケースもある。

の医事課に相談をしてみてください。または、他の病院をあたってみましょう。

身元保証会社と契約

治療について明確な希望があるのなら（⬇別冊19ｐ）、あらかじめ身元保証サービスを提供している業者（→本編214ｐ）と契約を結んでおくとよいでしょう。

契約時には治療についての要望を文書化するので、意思疎通が難しい状態に陥ってもサービス提供業者を通じて医療機関に意向を伝えることが可能となります。

POINT 88

孤立死のリスクを抑える「行政サービス」を利用しましょう

孤立死に陥りやすい人とは？

誰にも看取られることなくひとりでひっそりと亡くなり、亡くなったことを誰にも気づかれず、長期間ご遺体が放置されてしまう「孤立死」が年々増加しています。

ご本人にとっては、さよならを伝えることもできず寂しく悲しい最期になってしまいます。

知らせを受けた親族も長期間、亡くなったことに気づかないのなら故人との関係は決して親密だったとはいえないでしょう。そのような関係でも、遺体の引き取り、遺骨の引き取り、賃貸住宅の場合は部屋の現状復帰の費用などを要求されてしまうのです。

次の項目にあてはまる数が多いほど、孤立死のリスクが高い状態にあります。

①ひとり暮らしである。
②仕事やパート、ボランティアなどをしていない。
③習いごとや趣味のサークルなどに入っていない。
④親族との付き合いがない。
⑤隣人との付き合いがない。
⑥定期的に連絡をとる友人知人がいない。
⑦パートナーがいない。
⑧めったに外出しない。
⑨健康に不安がある。

「生存確認」的な行政サービスを利用する

孤立死を減らすため、国が音頭をとり自治体やNPO法人などが対策に取り組み始めています。

そうしたサービスに申し込むことで、我が身に異変が生じた際に迅速に気づいてもらえる可能性が高くなります。

友人や親族に頼るのは気が引けるのなら、積極的に行政サービスを利用しましょう。

孤立死を防ぐための行政サービス（例）

- □ボランティアスタッフによる見守り。
- □事業者（新聞、電気、ガス、水道、生協等）との連携。
- □緊急通報装置。
- □配食サービス。
- □乳製品等の配達サービス。　など

こんな危険サインをいち早く察知

- □洗濯物が干しっぱなし。

- □夜になっても電気がつかない。または昼間なのに電気がついている。

- □新聞や郵便物がたまっている。

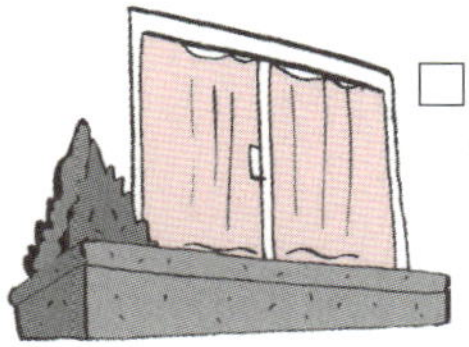

- □カーテン・雨戸が閉まったまま。

POINT 89

「見守り家電」や「アプリ」で「達者」だと伝えましょう

▼暮らしに溶け込む「見守り家電」

体調不良や病気などは、迅速に処置をおこなえば以前と同じように暮らせる可能性が高くなります。処置が必要な事態に陥ったとき、どれだけ早くサインを出せるかで、その後の暮らしの質は大きく変わるのです。

自由で独立した暮らしを守るためにも、「異常事態を知らせる」サービスを活用しましょう。

朝起きたらニュースを確認するためにテレビをつけ、日中はお茶をいれるためにポットのお湯を使い、夜になれば電気をつけます。日々、必ず使う「家電」の使用状況から、見守る側が安否を確認できる仕組みがあります。

「見守り家電」は「○時に使う」「一日に○回使う」といった制約がなく、日常生活に自然に溶け込み見守られる側は窮屈に感じません。電話やメールといったアクションを起こさずとも、変わらず日常生活を送っていることが分かるので、見守る側にとっても便利です。

▼「見守りアプリ」はスマホがあればOK

携帯キャリアによっては、独自の「見守りサービス」を提供していることがあります。また、契約しているキャリアでサービス提供がなくても、無料でダウンロードできるアプリもあります。

「見守り家電」の種類

サービス名	使うもの	仕組み	費用（税込み）	備考
みまもり電池 （ノバルス株式会社）	電池	「みまもり電池」を入れたテレビのリモコンなどを使用すると、専用アプリが見守る側に利用状況を知らせる。	みまもり電池：3278円 月額利用料：1078円	専用アプリが必要。
HelloLight （ハローライト株式会社）	電球	専用の電球に交換するだけ。電球のON/OFFを通信で知らせる。丸１日、点灯しない・連続点灯している等の異変があった場合に、登録したメールにお知らせが届く。	初期費用：1万780円〜 月額費用：495円〜	Wi-Fi不要、工事不要。
まもりこ （合同会社ネコリコ）	専用端末	専用端末を冷蔵庫に貼る。一定時間、冷蔵庫の開閉がないとスマホのアプリに通知。	本体：1万3200円 月額費用：550円	Wi-Fi不要。
みまもりほっとライン （象印マホービン株式会社）	電気ポット	無線通信機が内蔵された電気ポットの使用状況を1日3回メールで家族に知らせる。	初期費用：5500円 月額費用：3300円	Wi-Fi不要、工事不要。

設置場所、使用頻度などを考慮して選ぶこと。　※2025年6月現在

見守りアプリの仕組み（イメージ）

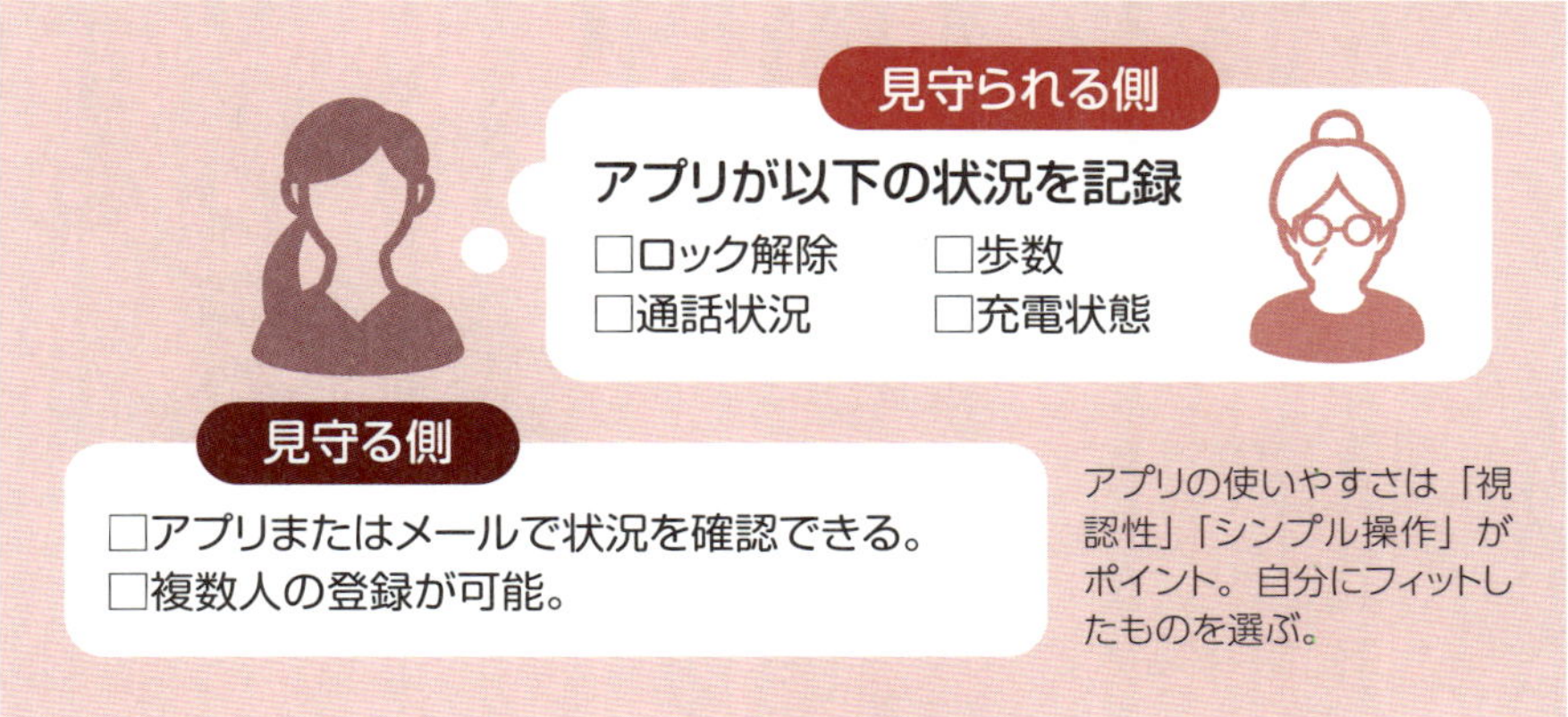

アプリが以下の状況を記録
□ロック解除　□歩数
□通話状況　□充電状態
□アプリまたはメールで状況を確認できる。
□複数人の登録が可能。
アプリの使いやすさは「視認性」「シンプル操作」がポイント。自分にフィットしたものを選ぶ。

POINT 90

生前から死後までをフォローする「身元保証等高齢者サポートサービス」

おひとりさまが困る「三分野」をサポート

銀行や役所、病院や介護関係の手続きのほか、亡くなったあとには葬儀・埋葬から財産の処分まで、高齢のひとり暮らしだと心配はつきません。兄弟姉妹などに頼むことができれば問題ないでしょうが、そもそも親しい親族がひとりもいないケースもあるでしょう。

こうした不安を解消するサービスも増えてきました。サービス内容は大きく分類すると「生前事務委任契約」「死後事務委任契約」、さらに認知症になったときに備える「任意後見契約」（→本編161p）の三分野になります。

業者によってサービス内容・金額は異なり、全てを依頼することもできれば、部分的に依頼することももちろん可能です。

提供されるサービスは「おひとりさま」の悩みを網羅するため、介護に関することから法的なことまで多岐にわたります。そのため業者が全てをおこなう訳ではなく、外部の専門家と提携しているケースがほとんどです。

業者に依頼するときの「お金」

毎月支払いが発生する案件、利用する際に支払いが発生する案件と、サービスによって支払いパターンも支払額も異なります。予想外の料金が発生しないよう気をつけましょう。

また、契約の際には「預託金」を支払うことが多いのですが、契約を解除した際に預託金の返金を拒まれるケースが多々あります。

契約が履行されるか確認できない

業者に全てを委託し、支払いの問題をクリアしても、肝心の業者が倒産すると契約は履行されません。

業者の経営状態を調べることは難しくても、利用者からの評価はインターネットで調べられます。誠実度を測る判断材料のひとつとして評価を精査してください。

どのような契約でも共通のことですが、一社で決めないことです。複数の業者から説明を受け、サービス内容、金額だけでなく、担当者の対応も含めて検討しましょう。

身元保証等高齢者サポートサービス（生前契約）の内容

生前のフォロー

生前事務委任契約でカバーできること

□身元保証（入院時、施設入所時、賃貸住宅への入居時等）。
□医療行為の同意（手術の同意、延命治療の判断等）。
□入院・入所時の同行。　□退院・退所時の身柄の引き受け。

死後のフォロー

死後事務委任契約でカバーできること

□各種届出（死亡届、健康保険証の返却、年金・介護保険の手続き等）
□未払いの治療費や家賃の精算。
□遺体の引き取り、葬儀・埋葬。
□住居の片付け、売却。　□賃貸住宅の原状回復。

認知症になった場合のフォロー

任意後見契約でカバーできること

判断能力が衰えたときに備え、「誰に何を支援してもらうか」あらかじめ自分で決める。

必要に応じてサービスを追加することは可能。

➔別冊20p「倒れたときの対応について」
➔別冊22p「お葬式やお墓に関する言づて」

POINT 91

自分亡きあとの住まいは「清算型遺贈」で恩返し

施設選びはまずは専門家の手を借りる

ひとり暮らしの心細さや、心身の状態の悪化に備えて高齢者施設への入居を検討している方も多いでしょう。

高齢者施設は本編144pで紹介したように、運営母体や入居条件はさまざまです。保証人を求められることがほとんどですが、前節のサービス提供業者を利用することでクリアできます。

ただ、慌てて民間サービスと契約を結ぶのではなく、**まずは「地域包括支援センター」へ相談をしてみましょう。**

地域包括支援センターは市町村が設置しているもので、保健師・社会福祉士・主任介護支援専門員等が協力し、地域の高齢者の暮らしをサポートすることを目的としています。

心身の状態に応じて通所サービスや訪問サービスを提案してくれるほか、高齢者施設への橋渡しをしてくれます。

死後の自宅はどうする?

無事に施設に入居できても、「住まい」の問題は終わりではありません。戸建てやマンションなど、自宅の処分にも道筋をつけておかなくてはいけません。

可能な限り住み慣れた家で過ごすとなると、「自宅の処分」がいよいよ現実味を帯びてきたときには、煩雑な事務手続きができない状態になっていることは十分考えられます。

前節の「死後事務委任契約」を結び、さらに遺言執行者（→本編76ｐ）にも指定しておけば、自宅の処理について希望をしっかり叶えてもらえます。

法定相続人を経由して売却

自宅の処分の際に、「清算型遺贈」を依頼すると、不動産売却で得られたお金で入院費用などを精算したあと、余った金額を遺贈することができます。

ただし、不動産は故人の名義のままでは売却することはできないので、一度、法定相続人に名義変更しなくてはいけません。

一旦、法定相続人に名義を移し、それから買手へと売却するのです。

買手から支払われたお金から諸経費や税金を差し引いて残った額が、遺贈する相手（受遺者）に渡ることになります。

納税義務は法定相続人

法定相続人を経由して不動産を売却するケースでは、税金面で気をつけなくてはいけないことがあります。

登記上、法定相続人から買手へと所有権が移るため、譲渡所得税や住民税の納税義務が法定相続人に発生するという点です。

しかし、財産を受け取っていないのに税金の負担だけがのしかかると法定相続人は納得ができません。

トラブルを防ぐためにも、買手から支払われたお金から納税分を差し引いて、法定相続人へと渡しておく必要があります。

清算型遺贈の流れ

相続発生。

↓

法定相続人に不動産の名義変更。

↓

不動産を売却。

↓

買手から売却代金が入る。

↓

遺言執行者が代金から以下を差し引く。

代金 － 諸経費 － 譲渡所得税・住民税に該当する額 ＝ 遺贈する額

譲渡所得税・住民税に該当する額 → 法定相続人へ

遺贈する額 → 遺贈を受ける人（受遺者）へ

法定相続人に対して譲渡所得税・住民税の手当をしておかないと、受遺者との間でトラブルが発生し、せっかくの遺志が全うできない可能性がある。

Column

家族信託や法定後見制度という選択肢も

信頼できる兄弟姉妹、甥姪などがいる場合、家族信託（→本編 164 p）をして、財産分与を任せるという選択肢もあります。

また、法定後見制度（→本編 161 p）を活用することで、認知症などになってしまったときのサポートを受けることもできます。

POINT 92

飼い主にもしものことがあってもペットが平和に暮らせる方法があります

ペットの世話に空白をつくらない

ペットは法律上「相続財産のひとつ」です。飼い主が亡くなったあとの遺産分割協議で、不動産、金融資産と同じように、ペットについても「誰が引き継ぐのか」決めなくてはいけません。ペットの世話に空白期間ができないようにペットが安心して暮らせる方策をとっておきましょう。「ペットレスキューカード」を携帯していると、緊急連絡先（ペットの受け入れ先）に速やかに連絡がいき、ペットを保護してもらえます。

ペットの生活を守る方法

	方法	メリット	注意点
信頼できる個人に託す	友人知人、ペット友達などに依頼する。	なついている相手ならペットの不安も少ない。	口約束は危険。金銭面が曖昧になりがち。
愛犬・愛猫ホーム	専門業者に依頼。飼い主入院時の長期預かりも可能。	頼れる友人知人、相続人がいなくても安心。	必ず見学をしてから決める。
ペット信託	飼い主（委託者）が受託者と信託契約を結び、自分の死後または病気などで飼えなくなった場合、受託者が飼育費を、飼育してくれる人や施設に支払う。	ペットの世話に空白期間ができない。	信託契約、公正証書の作成が必要。

犬猫ともに平均寿命は15歳前後。飼い主の年齢によっては犬猫を遺していくことも考えられるので、自分が元気なうちに手配をしておくこと。

ペットレスキューカード（例）

裏面に詳細な情報を記載。インターネットで好きなデザインを無料ダウンロードできる。

➔ 別冊17p「ペットに関するお願い」

POINT 93

おひとりさまの葬儀とお墓は遺志を託す人を決めておきましょう

人生の「最後」は自分の思いを優先

葬儀の種類（↓本編178ｐ）、お墓の種類（↓本編191ｐ）は、さまざまなスタイルがあります。決定までには、予算、家族や親類との関係、場所など、いくつもの要素を検討しなくてはいけません。

おひとりさまであれば、大前提として「誰に頼むか」を決めておく必要があります。

直葬の希望は多くの人に伝える

まずは、葬儀を取り仕切ってくれる人、または法人（サービス提供業者↓本編214ｐ）を決めておくことです。そして葬儀の規模や参列してほしい人について伝えておきましょう（↓別冊22ｐ、30ｐ）。

病院等から火葬場に直接移動する「直葬」を希望するのなら、葬儀を取り仕切る人だけでなく、周囲の人にもその旨を周知しておいてください。

直葬という送り方に否定的な人たちに「直葬が故人の遺志である」ことが伝わっていないと、思わぬ批判が巻き起こることがあるからです。

先祖代々のお墓に入れないことも

先祖代々のお墓があるからといって、安心はできません。その後に「墓守」をする人物がいないようだと、墓所の管理者からお墓に入ることを拒否される事案も発生しています。

長年、誰も墓参りをせずに現在進行形で墓が荒れていると、「墓守不在」が次代の懸案ではなくすでに始まっているとみなされてしまうのです。

おひとりさまの遺骨の行き先は?

お墓の大きな意義は、お墓に行くことで遺された人々の悲しみや喪失感が癒えるところにあります。墓前で故人を偲ぶので、自然と墓の手入れ(墓守)がなされます。

しかし、少子化や核家族化で墓守の負担が大きくなり、墓の手入れができずに「墓じまい」(↓本編196p)することも珍しくありません。

墓守をする人がいない、墓の管理で手間をかけたくないのなら、永代供養墓や合葬墓(↓本編191p)を選ぶとよいでしょう。

「葬儀」と「お墓」の3つのチェックポイント

1. **葬儀とお墓の希望を託す相手(個人・法人)を決める。**

2. **葬儀の形式を決める。**

→葬儀をするなら:参列してほしい人をリストアップ。
→直葬なら:直葬希望を周囲に伝える。

3. **代々のお墓に入れるか確認。**

→入れないなら永代供養墓や合葬墓などを検討。

葬儀やお墓は選択肢が多いので、大枠を決めてから細部を詰めていく。

➔別冊22p「お葬式やお墓に関する言づて」
➔別冊30p「友人知人の連絡先」

POINT 94

コミュニティへの参加で元気溌剌 もしもの備えにも

高齢者の「キョウイク」と「キョウヨウ」

体を動かし、脳を働かせ、心地よい緊張感とやりがいをもつことは、一番の「健康の秘訣」です。心身を元気にして若さを保つためには「外からの刺激」ほど効果的なものはありません。

高齢者ほど「キョウイク」と「キョウヨウ」が必要です。これは「今日、行くところ」と「今日の用事」を意味しています。

「キョウイク」と「キョウヨウ」をつくるには、何らかのコミュニティに属することです。気心が知れた仲間ができると、「困ったときはお互い様」と助け合う絆が生まれ、生活上の不安もかなり軽減されます。

「楽しむ」ことが一番大事

楽しく長く活動を続ける秘訣は、自分の興味や特性に合ったコミュニティを選ぶことです。

コミュニティ参加で負担となりやすいのが「金銭、時間、人間関係」です。このうちふたつ以上で「キツいな」と感じるようなら、無理に継続せずに別のコミュニティを探しましょう。

この三つは気にならないけれど体力的に厳しいようなら、頻度を減らす、時間を短縮するなどの工夫で対処しましょう。どんな形であれ、続けていくことが大事です。

コミュニティ選びのコツ

「楽しい」と実感できる活動を

トライしたい趣味、興味をもっている分野がある

カルチャースクールや市民講座などの受講

写真や絵画、俳句といった芸術の分野、古典文学や歴史の深掘りなど、じっくり取り組みたいジャンルがあるのなら、カルチャースクールや市民講座がおすすめ。対象によっては個人が主宰している教室でもよい。たいていの場合、体験受講ができるのでメンバーの雰囲気など事前に把握できる。

人付き合いが苦手

インターネットを活用

インターネット上にあるさまざまな「おひとりさまコミュニティサイト」に参加してみる。また、SNSを利用して自ら情報発信するのもよい。

仕事として手応えがほしい

シルバー人材センターに登録

全国平均で月8〜10日就業した場合、月額3〜5万円程度の収入。仕事の緊張感が好きな人に。

パソコン、料理、スポーツなど専門性の高い経験がある

ボランティア参加、講師として指導

長年の社会人経験で培った技術があるのなら、ボランティアで力を発揮！

ボランティアから発展してビジネスとして指導する可能性もあり。

地域の子供や高齢者など、手助けを必要としている人をサポートするボランティアに参加するのもよい。

●監修者紹介

関根 俊輔（せきね しゅんすけ）
税理士。
中央大学法学部法律学科卒。平成19年税理士登録、税理士法人ゼニックス・コンサルティング社員税理士。近年の高齢化に伴い、「亡くなる前」の贈与や相続税の事前対策から、「亡くなった後」の遺産分割、二次相続に至るまで、財産の収益化・コンパクト化を重視した、遺族の暮らしの総合コンサルティングを提供している。

関根 圭一（せきね けいいち）
社会保険労務士、行政書士。
30年を超えるキャリアの中、遺言書の作成、立ち会い、健康保険の切り替え、遺族年金の請求等、数百名分の実務に対応した実績を持つ。大切な家族が亡くなることは、常に稀であるという考えのもと、難しい手続きをわかりやすく説明し、故人の代わりとなって、遺族との円満な遺志疎通を実現している。

大曽根 佑一（おおそね ゆういち）
司法書士、行政書士。
中央大学法学部法律学科卒。平成17年司法書士登録、平成26年行政書士登録。司法書士・行政書士大曽根佑一事務所代表。街の法律家として、相続発生以前の遺言書等による紛争予防アドバイスから、相続発生後の登記手続・相続財産管理業務に至るまで、相続にまつわる多岐の分野に積極的に取り組む。

改訂版　人生の最期に間違えない
生前整理と手続きがぜんぶわかる本

2025年1月25日　初版発行
2025年7月25日　第2刷発行

監修者　関根俊輔／関根圭一／大曽根佑一
発行者　富永靖弘
印刷所　株式会社高山

発行所　東京都台東区台東2丁目24　株式会社 新星出版社
〒110-0016 ☎03(3831)0743

ISBN978-4-405-10453-2

エンディングノートの取り扱いについて

エンディングノートは、あなたの人生の足跡を記すものです。
自らの来し方行く末に思いを馳せながら、じっくりつくっていきましょう。
作成にあたって、最初に次のことを決めてください。

①保管場所

→置き場所を決めておきます。いざというときに発見しづらいので「鍵つきの引き出し」「本棚の奥」など取り出しにくい場所は避けましょう。

②見てほしい人

→①の保管場所を伝えておきましょう。

目次

本編18p、20p、62p、70p、88p

記入日　　年　　月　　日

銀行口座を整理する

複数ある銀行口座とその用途をまとめておきましょう。「備考」欄に「年金振込」「電気引落」「ガス引落」など、何に使っているか記載しておきます。用途を書き出すと「継続」か「解約」か判断しやすくなります。

銀行口座の情報

金融機関名	支店名・店番号	口座種別	口座番号
備考			今後は？
			継続・解約
金融機関名	支店名・店番号	口座種別	口座番号
備考			今後は？
			継続・解約
金融機関名	支店名・店番号	口座種別	口座番号
備考			今後は？
			継続・解約
金融機関名	支店名・店番号	口座種別	口座番号
備考			今後は？
			継続・解約
金融機関名	支店名・店番号	口座種別	口座番号
備考			今後は？
			継続・解約

別冊8pもあわせて整理する。

本編18p、22p、38p、62p、70p、88p

記入日　　年　月　日

クレジットカードを整理する

複数枚のクレジットカードがあるのなら、少しずつ整理していきましょう。書き出してみると「解約候補」が見えてきます。解約したら解約日を記載し、契約・解約の事実が分かるように線を引いて消しましょう。

クレジットカードの情報

カード名・ブランド名（VISAなど）	カード番号	引落日	引落口座
備考			

カード名・ブランド名（VISAなど）	カード番号	引落日	引落口座
備考			

カード名・ブランド名（VISAなど）	カード番号	引落日	引落口座
備考			

カード名・ブランド名（VISAなど）	カード番号	引落日	引落口座
備考			

カード名・ブランド名（VISAなど）	カード番号	引落日	引落口座
備考			

本編18p、34〜39p、40p、44〜49p、62p、70p、88p、172p

記入日　　年　月　日

財産の一覧

株など有価証券、ゴルフ会員権、借入金、貸付金、保険、年金、動産などの情報をまとめておきます。車、骨董品、貴金属などの動産で、引き継いでほしいものは別冊１４ｐに別途記載しておきましょう。

株など有価証券

証券会社	連絡先	口座番号
評価額／備考		
証券会社	連絡先	口座番号
評価額／備考		
証券会社	連絡先	口座番号
評価額／備考		
証券会社	連絡先	口座番号
評価額／備考		

別冊8pもあわせて整理する。

ゴルフ会員権

法人名	連絡先	会員権の種類
		社団法人・預託金・株主
備考（預託金の有無など）		

借入金

借入先	連絡先	借入日	借入額	借入残高
備考（担保の有無、完済予定日など）				
借入先	連絡先	借入日	借入額	借入残高
備考（担保の有無、完済予定日など）				
借入先	連絡先	借入日	借入額	借入残高
備考（担保の有無、完済予定日など）				

保証人

保証した相手	連絡先	契約日	保証金額
備考（返却予定日、相手が借りた金融機関名など）			
保証した相手	連絡先	契約日	保証金額
備考（返却予定日、相手が借りた金融機関名など）			

貸付金

貸付先	連絡先	貸付日	貸付額	貸付残高
備考（担保の有無、完済予定日など）				
貸付先	連絡先	貸付日	貸付額	貸付残高
備考（担保の有無、完済予定日など）				

保険

保険会社	保険名	契約者	受取人	証書番号
備考（保険期間、契約内容など）				
保険会社	保険名	契約者	受取人	証書番号
備考（保険期間、契約内容など）				
保険会社	保険名	契約者	受取人	証書番号
備考（保険期間、契約内容など）				

年金

種類	番号	支給開始日	支給額
□国民　□厚生 □共済　□個人年金			
備考 （私的年金の場合は契約会社・連絡先・商品名など）			
種類	番号	支給開始日	支給額
□国民　□厚生 □共済　□個人年金			
備考 （私的年金の場合は契約会社・連絡先・商品名など）			
種類	番号	支給開始日	支給額
□国民　□厚生 □共済　□個人年金			
備考 （私的年金の場合は契約会社・連絡先・商品名など）			

動産（骨董品、美術品、宝石、貴金属、自動車など）

名称	購入価格	保管場所
備考		
名称	購入価格	保管場所
備考		
名称	購入価格	保管場所
備考		
名称	購入価格	保管場所
備考		
名称	購入価格	保管場所
備考		

別冊14pもあわせて整理する。

本編18p、20p、32p、34p、62p、70p、88p

記入日　　年　月　日

オンライン上の資産を整理する

インターネットバンク・証券、ネットで申し込んだ保険、暗号資産などはオンライン上で手続きをするため、資産の存在をエンディングノートで伝えましょう。パスワードは別途まとめておきましょう（→本編 148 p）。

インターネットバンク

金融機関名	支店名・店番号	口座種別	口座番号
預金額／備考			
金融機関名	支店名・店番号	口座種別	口座番号
預金額／備考			

インターネット証券

証券会社	口座番号	連絡先
評価額／備考		
証券会社	口座番号	連絡先
評価額／備考		

インターネット保険

保険会社	保険名	契約者	受取人	証書番号
備考（代理請求の問い合わせ先など）				
保険会社	保険名	契約者	受取人	証書番号
備考（代理請求の問い合わせ先など）				

FX等

取引会社	口座情報	連絡先	備考

電子マネー

サービス名	サービス名	サービス名

※支払い方式や契約内容によっては引き継げません

本編18p、30p、62p、70p、80p、88p、158p

記入日　　　年　　月　　日

不動産の情報を整理する

不動産は相続財産のなかでも大きな比重を占めます。種類や用途、抵当権を明確にしておきましょう。現在、住んでいる家が賃貸ならば、管理会社等の連絡先を記しておきます。引き継いでほしいなら「備考」に記入しておきます。

不動産の情報

地番					
種類	□土地　□建物　□マンション・アパート　□その他（　　　）				
用途	□自宅　□別荘　□賃貸　□その他（　　　）				
所有者		共有者		持分	
抵当権	□設定あり（　　　）			□設定なし	
備考					
地番					
種類	□土地　□建物　□マンション・アパート　□その他（　　　）				
用途	□自宅　□別荘　□賃貸　□その他（　　　）				
所有者		共有者		持分	
抵当権	□設定あり（　　　）			□設定なし	
備考					

住居の情報

管理会社	連絡先	備考

駐車場の情報

管理会社	連絡先	備考

不動産についての希望

不動産	希望

※処分方法など希望がある場合は記入しておきましょう。

本編146p

記入日　　年　月　日

オンライン・オフラインデータを整理する

オンラインのデータ（SNS、ブログ、ホームページなど）、オフラインのデータ（ダウンロードした写真や動画、電子書籍、趣味で書いた文書など）について、希望の対応を整理しておきます。

オンラインデータの情報

サービス名	ID	パスワード	有料・無料	希望の対応
記入例 amazon	sinsei1234	パソコンのデスクトップ上の「パス.xlsx」ファイル参照。	(有)・無	アカウントの削除。データの全削除。ただし、入院中は残してほしい。
サービス名	ID	パスワード	有料・無料	希望の対応
			有・無	
サービス名	ID	パスワード	有料・無料	希望の対応
			有・無	
サービス名	ID	パスワード	有料・無料	希望の対応
			有・無	

オフラインデータの情報

種類	保存場所	内容	希望の対応
記入例 画像	デスクトップ→「画像」フォルダ	孫の成長記録	まかせる
種類	保存場所	内容	希望の対応

本編26p

記入日　　　年　　月　　日

サブスク、定期購入品を整理する

プロバイダ利用料、動画見放題、パソコンソフトなどのサービスなど、定額制のサービスに要注意です。健康食品やサプリメントといった定期購入品、月会費制のスポーツジムなども忘れずに記録しておきましょう。

サブスク・定期購入費の情報

サービス名	契約内容	解約に必要な情報	引落日	引落口座・カード
記入例 NETFLIX	動画見放題	ID:sinsei1234 パスワード：パソコンの「パス.xlsx」ファイル参照	毎月10日	新星 クレジットカード
サービス名	契約内容	解約に必要な情報	引落日	引落口座・カード
サービス名	契約内容	解約に必要な情報	引落日	引落口座・カード
サービス名	契約内容	解約に必要な情報	引落日	引落口座・カード
サービス名	契約内容	解約に必要な情報	引落日	引落口座・カード
サービス名	契約内容	解約に必要な情報	引落日	引落口座・カード

本編50p

記入日　　年　月　日

老後の収支を整理する

老後の生活費をまとめておきましょう。「収入」と「支出」を整理しますが、支出は冠婚葬祭や病気治療など突発的なできごとで大きく変動します。3か月を抜き出しておおよその数字を把握しましょう。

❶ 収入を確認

年金収入	円
その他（　　）	円
その他（　　）	円
その他（　　）	円
収入合計	円 Ⓐ

❸ 支出の平均を出す

（B＋C＋D）÷ 3 ＝ Ⓔ　　円

❹ 収支を出す

A － E ＝ 　　円

❷ 3か月分の支出を確認

年　　月

支出項目	金額
住居	
電気	
ガス	
水道	
食費	
家事用品	
被服費	
通信費	
医療・介護費	
趣味・娯楽・交際費	
その他	
合計	Ⓑ

年　　月

支出項目	金額
住居	
電気	
ガス	
水道	
食費	
家事用品	
被服費	
通信費	
医療・介護費	
趣味・娯楽・交際費	
その他	
合計	Ⓒ

年　　月

支出項目	金額
住居	
電気	
ガス	
水道	
食費	
家事用品	
被服費	
通信費	
医療・介護費	
趣味・娯楽・交際費	
その他	
合計	Ⓓ

※高齢になると医療・介護費がかかりますので、このあたりは多めに見積もっておきましょう。

本編46p、64～71p、138p

記入日　　年　月　日

相続に関する希望を整理する

強い希望があるのなら遺言書を整えておけば、その通りに相続は進められるので安心です。ここでは、貴金属のような資産をはじめ、愛用品や思い出の品を誰に引き継いでほしいのかまとめておきます。

遺言書がある

遺言書の種類	手続き	遺言執行者／連絡先
□自筆証書遺言	遺言書保管所（法務局）で「遺言書保管事実証明書の交付の請求」→遺言書の確認	
□公正証書遺言	□自宅の（　　　　　　）に保管しています。 または □公証役場（　　　　　　）で検索手続きを依頼してください。	

引き継いでほしいものと由来

品物	SEIKOの自動巻きの時計	保証書	有・無	箱	有・無
由来	初ボーナスで購入した時計。 オーバーホールしながらずっと使ってきたもの。 孫の新一に持っていてほしい。				

品物		保証書	有・無	箱	有・無
由来					

品物		保証書	有・無	箱	有・無
由来					
品物		保証書	有・無	箱	有・無
由来					
品物		保証書	有・無	箱	有・無
由来					
品物		保証書	有・無	箱	有・無
由来					
品物		保証書	有・無	箱	有・無
由来					

別冊7pもあわせて整理する。

本編138p

記入日　　年　月　日

廃棄を希望するもの

片付けを進めても、日常的に使用している物はどうしても処分はできません。また、アルバムなど極めて私的な物は持ち主以外は処分に逡巡するものなので、あなた自身が決めておきましょう。

処分してほしいもの

物品	場所
桐箪笥	寝室
○○のティーセット	食器棚の中
アルバム	書斎

本編219p

記入日　　年　月　日

ペットに関するお願い

ペットが複数いる場合は、それぞれについて基本情報をまとめておきましょう。依頼先がペットホームなどの場合は契約書類を確認できるようにしておきます。

ペットの基本情報

種類	名前	生年月日	性別
ペットフード			
食事時間			
病歴			
服用中の薬			
かかりつけ医			
種類	名前	生年月日	性別
ペットフード			
食事時間			
病歴			
服用中の薬			
かかりつけ医			

ペットのことは次の方にお願いしています

名前	
連絡先	
備考（契約書類などがあるのなら保管場所）	

本編150p、154p

記入日　　年　月　日

健康状態の記録

適切な治療ができるよう現在の体の状態や病歴などをまとめておきます。服用している薬はお薬手帳にきちんとまとめておけば、エンディングノートに記載する必要はありません。

基本情報

身長	体重	血液型	補聴器
cm	kg	型　RH（＋・－）	要・不要
アレルギー（食品、薬など）			

かかりつけの病院

病院	診療科	担当医
住所／連絡先		
治療中の病気		
病院	診療科	担当医
住所／連絡先		
治療中の病気		
病院	診療科	担当医
住所／連絡先		
治療中の病気		

病気・手術歴など

病名	現在の状態	病院／担当医	備考（手術時期、症状、発作について）
	治癒・治療中		
	治癒・治療中		
	治癒・治療中		

本編150p、152p、208p

記入日　　年　月　日

延命治療、臓器提供について

治療方針を決めるとき、意思を伝えることが難しい状態かもしれません。家族に決断を任せるにしても「なりゆきではなく元気なときから委ねると決めていた」ことが伝わるだけで、心理的負担が軽くなります。

意思の疎通ができなくなったとき意見を尊重してほしい人

第１希望	名前 （続柄）	連絡先
第２希望	名前 （続柄）	連絡先
第３希望	名前 （続柄）	連絡先

告知について

□病名・余命どちらも告知してほしい。	□病名のみを告知してほしい。
□余命が（　　か月）以内なら（□病名　□余命）を告知してほしい。	
□どちらも告知してほしい。	□家族に知らせてほしい。
□その他（　　　　）	

延命治療について

□回復見込みなら希望。	□延命より痛みや不快感の軽減を優先したい。
□家族に任せる。	
□その他（　　　　）	

臓器提供について

□臓器提供を希望する。（カード・登録証の保管場所　　　　）
□臓器提供はしない。
□その他（　　　　）

本編150～153p、156p、160p、174p、214p

記入日　　年　月　日

倒れたときの対応について

かかりつけ医、過去に通院していた病院なら、より適切な治療が受けられる可能性が高いでしょう。入院等の手続きをしてくれる人、留守宅の管理を任せたい人など、事前にお願いしておきましょう。

次の契約先に連絡（ない場合は空欄）

生前事務委任契約	名前	連絡先
任意後見契約	名前	連絡先

緊急連絡先

第1希望	名前 （続柄）	連絡先
第2希望	名前 （続柄）	連絡先
第3希望	名前 （続柄）	連絡先

搬送を希望する病院

病院名・診療科	
連絡先	
備考 （かかりつけ、 過去に通院など）	
病院名・診療科	
連絡先	
備考 （かかりつけ、 過去に通院など）	

別冊18pもあわせて整理する。

家の様子を見てもらうようお願いしている人

名前／関係性（家族、隣家、仕事仲間など）	連絡先
名前／関係性（家族、隣家、仕事仲間など）	連絡先

お願いしたい内容

□郵便物や新聞の回収	□戸締まり確認	□庭木の水やり
□火の元確認	□ペットの保護	□習いごとやサークルに欠席連絡
□その他		

入院について

病室の希望	□個室　□大部屋　□どちらでもいい		
レンタルを希望するもの	□衣類　□下着　□タオル　□日用品		
治療・手術の説明時に付き添いが必要	□必要　□不要		
	付き添い人	名前	
		連絡先	

退院後について

自宅ではなく専門の施設に移りたい	□自宅がいい　□専門の施設がいい	
自宅以外の場所に住みたい	住所	
	連絡先	
	世帯主	

介護について

介護で不安に思っていること（階段や手すりなど自宅の環境、介護費用など）
寝たきりになったときの希望
認知症の症状がでたときの希望

本編151p、178p、180p、184p、188p、190p、214p、220p

記入日　　年　月　日

お葬式やお墓に関する言づて

価値観の多様化に加え、伝統的な形を継承することが難しい状況もあり、葬儀やお墓のあり方も柔軟になってきました。予算も考慮しながら希望する形を決めておきましょう。

お墓について

1. お墓はある？　ない？		
□ある	住所／連絡先	
	契約者	
□ない	①お墓がほしい→ 2 の質問へ ②お墓はいらない→ 4 の質問へ ③家族に任せる	

2. お墓の希望は？			
□寺院等宗教施設内	□公営墓地	□民営墓地	□納骨堂
□自然葬（樹木葬など）	□散骨	□家族に任せる	
□その他 (　　　)			

3. お墓の費用は？
□以下をあててほしい（例：銀行口座・保険・金融証券など）
□その他

4. お骨はどうする？			
□手元供養	□宝石に加工	□合葬墓	□散骨
□その他 (　　　)			

葬儀について

1. 葬儀はどうする？
□してほしい→２の質問へ □しなくてもよい □してほしくない □家族に任せる
2. 葬儀の形式は？
□一般葬　□家族葬　□一日葬　□直葬　□自由葬 □その他（　　　　　　　　　　　　　　　　　　　）
3. 葬儀の費用は？
□以下をあててほしい（例：銀行口座・保険・金融証券など）
□その他

別冊30ｐもあわせて整理する。

次の契約先に連絡（ない場合は空欄）

□死後事務委任契約を結んでいる	
受託者	
連絡先	
備　考	
□葬儀の生前契約をしている	
名　称	
連絡先	
備　考	
□お墓の生前購入をしている	
名　称	
連絡先	
備　考	

記入日　　年　月　日

亡くなったあとの手続きなど

家族は悲しみに耐えながら、別れにまつわる多くのことをこなしていかなくてはいけません。混乱のなか短時間で決断を下さねばならない局面もあります。家族の負担を軽くするため情報をまとめておきましょう。

葬儀・お墓関連

内容	備考
□友人・知人への訃報の連絡	
□葬儀の検討	
□お墓の検討	
□納骨の検討	
□手元供養の検討	
□仏壇仏具の検討	

役所関係

内容	備考
□死亡届の提出	
□火葬許可申請書の提出	
□世帯主変更届の提出	
□年金の受給停止の手続き	
□未支給年金の請求	
□遺族年金の手続き	
□健康保険資格喪失届の提出	
□介護保険資格喪失届の提出	
□高額療養費の払戻請求	

□マイナンバーカードの返却	
□免許証の返却	
□パスポートの失効手続き	

引き落とし関係

内容	備考
□クレジットカードの精算と解約	
□サブスク・定期購入品の解約	
□公共料金の精算・解約または名義変更	
□ NHK 放送受信契約の解約	
□携帯・固定電話などの解約 または名義変更	

金融機関関係

内容	備考
□死亡保険金の請求	
□銀行口座の名義変更、解約	
□株式の名義変更	

遺言・相続関係

内容	備考
□遺言書の検認、開封	
□遺言執行	
□相続人の調査	
□相続財産の調査	
□遺産分割協議	
□財産の相続手続き	
□相続放棄や 限定承認の申し立て	
□不動産の名義変更	
□自動車の名義変更	

税金関係

内容	備考
□固定資産税、住民税などの請求先の変更	
□所得税の準確定申告、納付	

インターネット・デジタル関係

内容	備考
□ SNS アカウントの削除	
□ブログやホームページでの告知や閉鎖	
□パソコン内のデータ消去、本体の処分	
□スマホ内のデータ消去、本体の処分	

その他手続き

内容	備考
□ペットを引取先へ届ける	
□入院費用の精算と荷物の引き取り	
□介護施設の精算と荷物の引き取り	
□賃貸住宅の解約	
□家財道具の処分	

本編18p、28p、30p、48p、80p、172p

記入日　　年　月　日

重要書類の保管場所

亡くなったときだけでなく、自由に体が動かなくなったら諸手続を誰かに頼むことになります。そのとき必要書類がサッと見つかると依頼された人は速やかに手続きを進められ、時間的なロスが発生しません。

保管しておく書類

内容		備考
公的書類	□年金手帳	
	□保険証	
	□マイナンバーカード	
	□所得税の納税通知書	
	□住民税の納税通知書	
	□免許証	
	□パスポート	
	□不動産関連の書類（権利書等）	
	□自動車の名義変更に必要な書類（自動車検査証、車庫証明書等）	
民間サービス	□銀行等の通帳	
	□保険証券	
	□証券会社の通知書	
	□ローン契約書	
	□ペットの預け先（契約書）	
	□お墓・葬儀の契約に関する書類	
その他	□印鑑	
	□友人知人の連絡先（年賀状等）	

※通帳と印鑑は、どちらかの保管場所をパソコンやスマホ内に記録しておきましょう。パソコンやスマホにはパスワードを設定しておきます。

本編56p、62p、70p

記入日　　年　　月　　日

家系図を整理する

配偶者や子供達、孫達はもちろん、兄弟姉妹やその子供達も記入した家系図を作っておきましょう。一族の繋がりが分かるだけでなく、相続発生時の関係性も理解ができます。

（　　　）家 家系図

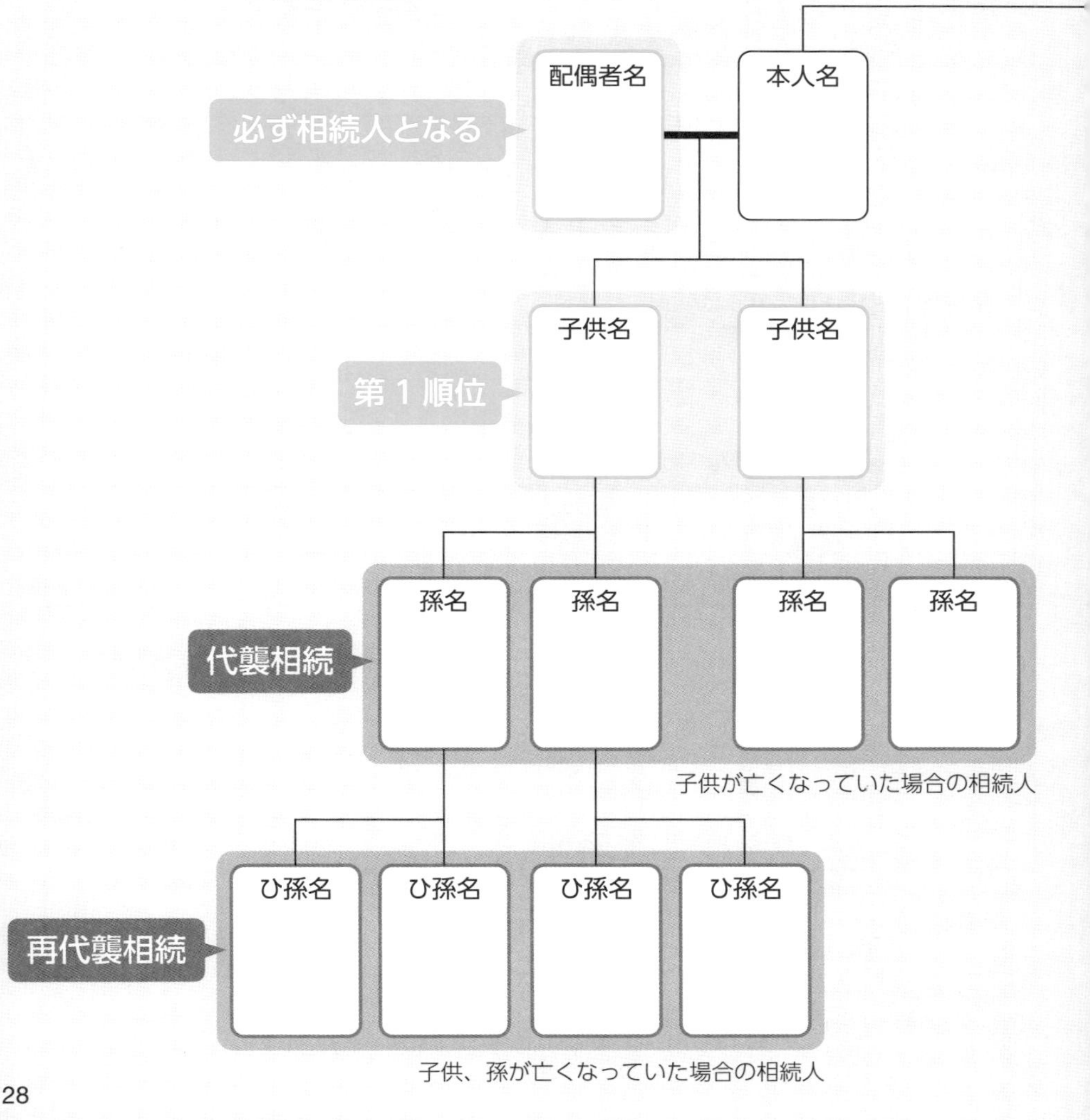

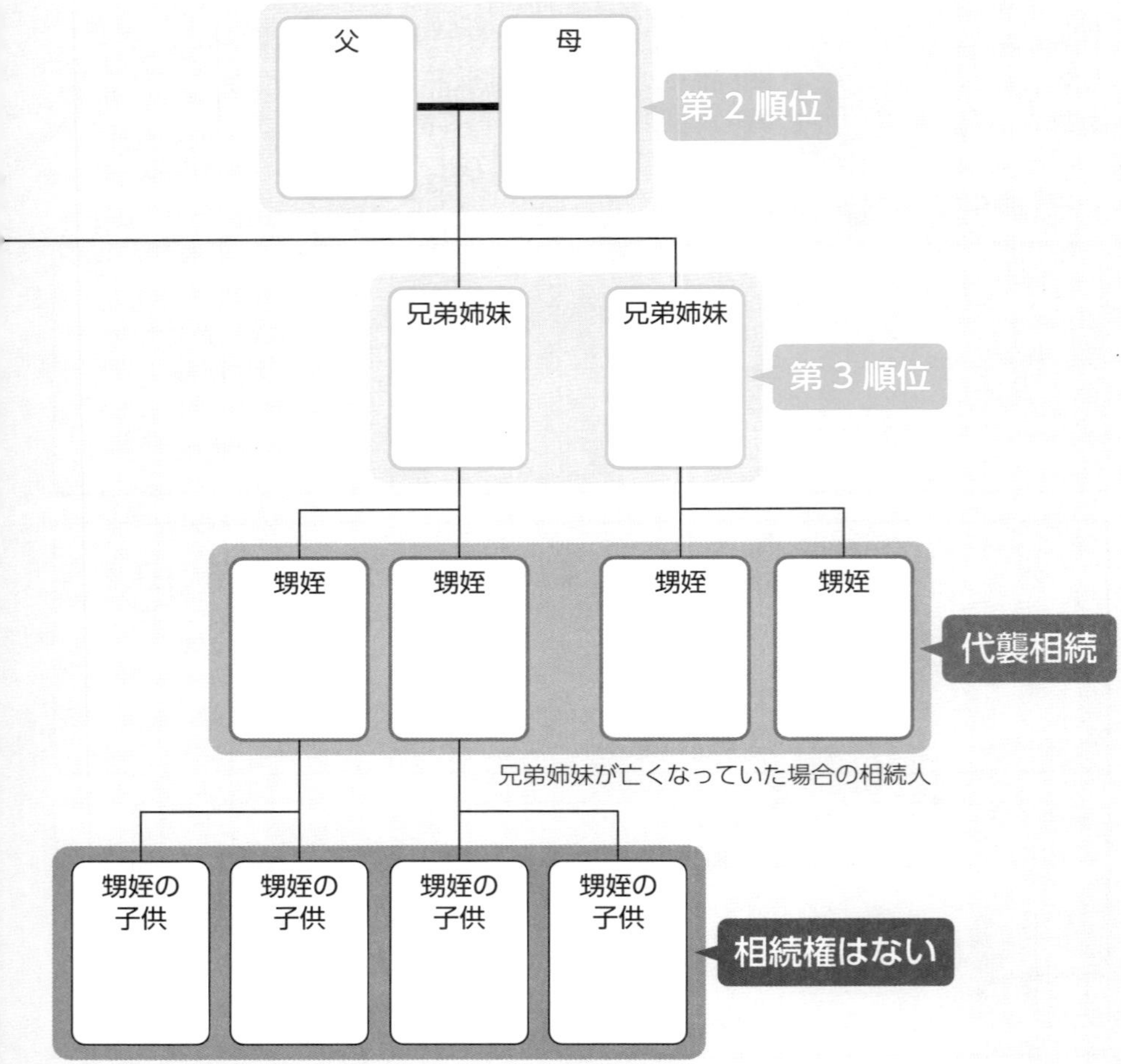

※代襲相続でも再代襲相続でも、生存していれば、第１順位（または第３順位）の扱いになり、順位が下の家族は法定相続人から外れます。

※おひとりさまは本編 203 p を参照してください。

本編182p、220p

記入日　　年　月　日

友人知人の連絡先

親戚、幼なじみ、同級生、仕事の仲間達。さまざまな場で人間関係を構築してきたことでしょう。人間関係の広がりを家族が知っておくことは大事です。出会った場（関係）や訃報の連絡時期も記録しておきましょう。

連絡先と関係

名前		連絡時期	□葬儀に参列してほしい □落ち着いてから文書 □年末の喪中葉書 □不要 □その他（　　　　）
住所			
電話			
関係			

名前		連絡時期	□葬儀に参列してほしい □落ち着いてから文書 □年末の喪中葉書 □不要 □その他（　　　　）
住所			
電話			
関係			

名前		連絡時期	□葬儀に参列してほしい □落ち着いてから文書 □年末の喪中葉書 □不要 □その他（　　　　）
住所			
電話			
関係			

名前		連絡時期	□葬儀に参列してほしい □落ち着いてから文書 □年末の喪中葉書 □不要 □その他（　　　　）
住所			
電話			
関係			

名前		連絡時期	□葬儀に参列してほしい □落ち着いてから文書 □年末の喪中葉書 □不要 □その他（　　　　　）
住所			
電話			
関係			

名前		連絡時期	□葬儀に参列してほしい □落ち着いてから文書 □年末の喪中葉書 □不要 □その他（　　　　　）
住所			
電話			
関係			

名前		連絡時期	□葬儀に参列してほしい □落ち着いてから文書 □年末の喪中葉書 □不要 □その他（　　　　　）
住所			
電話			
関係			

名前		連絡時期	□葬儀に参列してほしい □落ち着いてから文書 □年末の喪中葉書 □不要 □その他（　　　　　）
住所			
電話			
関係			

名前		連絡時期	□葬儀に参列してほしい □落ち着いてから文書 □年末の喪中葉書 □不要 □その他（　　　　　）
住所			
電話			
関係			

名前		連絡時期	□葬儀に参列してほしい □落ち着いてから文書 □年末の喪中葉書 □不要 □その他（　　　　　）
住所			
電話			
関係			

記入日　　　年　　月　　日

家族や友人へのメッセージ

いつも身近にいる相手に対して改まって気持ちを伝える機会はあまりないものです。感謝の気持ち、共有した体験、相手の人間性への賛辞など、素直な気持ちで表現しましょう。

お名前	さんへ	関係	

お名前	さんへ	関係	

お名前	さんへ	関係	

お名前	さんへ	関係	

お名前	さんへ	関係	